MW01714714

Le grimoire de la sorcière moderne

Recettes, rituels et sortilèges pour prendre soin de soi

Arin Murphy-Hiscock

Le lotus & l'éléphant

Ce livre est dédié à Ceri et Megan, qui tentent souvent de me raisonner de manière bienveillante afin d'éviter que j'aille au-delà de mes limites et que je cesse de me de me sentir coupable d'avoir besoin de m'arrêter. À vous, mesdames. Je ne pourrais rien sans vous.

Publié pour la première fois aux États-Unis par Adams Media
An Imprint of Simon & Schuster, Inc., sous le titre *The Witch's Book of Self-Care: Magical Ways to Pamper, Soothe, and Care for Your Body and Spirit*
Adams Media
An Imprint of Simon & Schuster, Inc.
100 Technology Center Drive
Stoughton, Massachusetts 02072
Texte : © 2018 Simon & Schuster, Inc.
Couverture : © 2018 Simon & Schuster, Inc.

Édition française et traduction
© 2021, Le lotus et L'éléphant, un imprint d'Hachette Livre
58, rue Jean Bleuzen – 92178 Vanves Cedex

Tous droits de traduction, d'adaptation et de reproduction, totale ou partielle, pour quelque usage, par quelque moyen que ce soit, réservés pour tous pays.

Direction : Catherine Saunier-Talec
Responsable éditoriale : Lisa Grall
Responsable de projet : Sophie Bartczak
Éditrice : Lucie VanHerpen
Traduction : Valérie Carreno
Correction-adaptation : Camille Bon et Maud Franquin
Fabrication : Anne-Laure Soyez
Responsable partenariats : Dana Lichiardopol (lichiardopol@hachette-livre.fr)

Dépôt légal : février 2022
ISBN : 978-2-01-715952-0
50-7831-3

Achevé d'imprimer en Italie en février 2022

Nous utilisons des papiers composés de fibres naturelles, renouvelables, recyclables et fabriqués à partir de bois issus de forêts adoptant un système d'aménagement durable. En outre, nous travaillons avec des fournisseurs de papier qui s'inscrivent dans une démarche de certification environnementale reconnue.

PAPIER À BASE DE FIBRES CERTIFIÉES

hachette s'engage pour l'environnement en réduisant l'empreinte carbone de ses livres. Celle de cet exemplaire est de :
500g éq. CO_2
Rendez-vous sur www.hachette-durable.fr

© 2021, Le lotus et L'éléphant, un imprint d'Hachette Livre

Sommaire

Remerciements

Je remercie Rebecca Thomas de m'avoir offert l'opportunité d'écrire ce livre. C'est un sujet qui me tient à cœur et, même si mon emploi du temps était démentiel, je savais que je devais l'écrire !

Je tiens également à remercier les équipes d'Ubisoft, de Partworks et de Hachette pour leur compréhension ; j'ai « jonglé » avec un nombre ahurissant de projets lors de l'écriture de ce livre. J'apprécie votre flexibilité ! Je remercie tout particulièrement Anouk, une guerrière du self-care qui défend son énergie et son temps tout en faisant tourner un nombre incroyable d'assiettes autour d'elle. Tu es une source d'inspiration, Anouk, et je suis heureuse de te connaître et de travailler avec toi.

Introduction

À la base, le bien-être est une question de respect de soi. C'est prendre soin de soi, prendre position et déclarer que oui, vous êtes importante et vous comptez vraiment. Une forme simple de self-care (soin de soi) consiste à faire de votre mieux pour être une meilleure personne ; une idée qui résonne également en magie. La magie est un partenaire idéal du bien-être : l'un des principaux objectifs de la magie est la guérison ; guérison de soi, guérison de la Terre, guérison de l'humanité et de la nature. En ce sens, magie et bien-être vont de pair.

Ce *Grimoire de la sorcière moderne* vous aidera à explorer les moyens de vous reconnecter avec vous-même, de prendre du temps pour vous, d'apprendre à vivre les moments de votre journée en pleine conscience, de vous honorer et de préserver votre santé spirituelle et émotionnelle. Grâce au self-care magique, vous ferez appel aux énergies de la nature telles que les herbes, les pierres et les éléments pour prendre soin de vous spirituellement. Dans cet ouvrage, vous découvrirez des activités pour retrouver l'équilibre, vous recharger, examiner vos comportements autodestructeurs et les transformer en comportements plus sains, ainsi que des méditations spécialement conçues pour reprendre contact avec vous-même de diverses manières.

Tenter d'être le meilleur de soi rend le monde meilleur. Ce livre pourrait représenter le premier pas vers l'exploration de la magie associée au bien-être et il vous soutiendra dans vos efforts pour atteindre la plus belle version de vous-même.

Chapitre 1

Bien-être et magie

Self-care est un mot à la mode mais, comme le sont les représentations médiatiques de la magie, celles du self-care sont parfois déroutantes. Alors qu'est-ce qu'on entend par self-care ? S'offrir une manucure ou un nouveau sac à main, est-ce du self-care et, si non, qu'est-ce que c'est ? Pour faire simple, le self-care regroupe toute activité pratiquée délibérément pour prendre soin de sa santé mentale, émotionnelle ou physique.

La magie est parfaitement en accord avec le concept du self-care car elle consiste à écouter ce qui est en vous, mais aussi les messages que le Divin et la nature vous adressent. En étant ainsi dans le moment présent, vous vous ouvrez à un monde intime d'informations qui contribuent à votre bien-être. La magie et le self-care sont d'excellents partenaires sur la voie d'une vie équilibrée et épanouie.

Ce chapitre explore ce qu'est le self-care et les stéréotypes qui l'entourent, et il vous propose un aperçu des techniques magiques que vous expérimenterez dans les chapitres suivants.

Les objectifs du self-care

Les objectifs du self-care sont simples :

- Un mental sain
- Un corps sain
- Un esprit sain

Prendre soin de soi ne consiste pas seulement à s'accorder une pause. Il s'agit surtout de savoir identifier vos besoins en écoutant votre corps, votre esprit et votre âme. Pas uniquement les besoins à long terme, mais aussi les besoins immédiats, ceux que vous avez en ce moment même.

Est-ce si difficile de s'écouter soi-même ? Il semble que oui, car un pourcentage stupéfiant de la population évoque des difficultés à dormir, des problèmes d'anxiété, de dépression et un sentiment permanent d'échec.

Prendre soin de soi, ce n'est pas seulement se nourrir et s'assurer d'avoir un toit sur la tête. Cela signifie se traiter avec la même gentillesse que celle que l'on accorde à tous ceux qui nous entourent. C'est se soutenir de la même manière que l'on soutient les personnes qui nous sont chères.

Les femmes sont particulièrement liées au self-care, car elles ont tendance à prendre soin des personnes qui les entourent en niant ou en minimisant leurs propres besoins. Cela conduit souvent à un effacement de l'estime de soi et à un report constant de la prise en compte de leurs propres besoins de soutien et de soins, ce qui risque à terme d'engendrer colère et ressentiment.

Prendre soin de soi, c'est se considérer comme un être humain digne de ce nom et se présenter comme une personne de valeur, capable et méritante. En d'autres termes, le self-care cherche à redresser un déséquilibre qui se développe lorsque vous ne prenez pas correctement soin de vous, que ce soit par négligence ou par choix.

Le self-care ne doit cependant pas impliquer de grands projets tape-à-l'œil. En fait, le self-care fonctionne mieux si vous le pratiquez à petites doses régulières, ce qui vous permet d'éviter d'atteindre un niveau où vous auriez sans cesse besoin de quelque chose d'important pour en ressentir l'impact. Ce type de self-care progressif est également bénéfique, car les petits gestes ne prennent pas beaucoup de temps, ce qui évite d'avoir l'impression de réduire sa disponibilité face à d'autres responsabilités ou à d'autres personnes, tout en éloignant le sentiment d'égoïsme qui accompagne parfois les activités de self-care.

L'égoïsme est souvent à l'origine des stéréotypes. Le travail magique est parfaitement adapté pour lutter contre ce sentiment, car il agit généralement à un niveau invisible et intérieur que les autres ne peuvent pas juger.

Magie et bien-être

L'un des principaux objectifs de la magie est la guérison. Le self-care est un moyen de préserver votre santé, de guérir votre esprit et de maintenir ou d'optimiser votre santé émotionnelle, mentale et physique. La magie contribue à l'autonomisation et à l'exercice du contrôle sur votre vie, en vous encourageant à vous concentrer sur la meilleure personne que vous puissiez être. Ce sont là des éléments qui correspondent parfaitement à l'objectif général du self-care.

La pratique de la magie cherche à établir ou à équilibrer la connexion entre un individu et son environnement. Si la spiritualité s'en mêle, alors la magie permettra également d'équilibrer ou de maintenir la connexion entre l'individu et le Divin.

Changer d'attitude

Le self-care est une combinaison complexe de centaines de petits gestes quotidiens et d'un changement global d'attitude. Se contenter d'accomplir des rituels, des sorts ou des pratiques de ce livre ne résoudra pas vos problèmes. Mais chacun d'entre eux vous fera vous sentir un peu mieux et, espérons-le, vous aidera à comprendre que vous êtes digne de prendre soin de vous et que vous méritez le temps et l'attention que vous vous accordez. Même si cela ne fera pas disparaître complètement votre fatigue, prendre soin de vous reste précieux. Ranger une pièce n'élimine pas votre anxiété, mais l'atmosphère s'en trouve plus saine et plus confortable, et c'est important.

Combattre les stéréotypes

Les média proposent bon nombre de « solutions » afin de prendre soin de soi et nous inondent de publicités pour des cures ou des thérapies. Mais ces solutions supposent que vous apparteniez à une certaine catégorie de la population qui dispose de moyens alloués à ce type d'activités et que vous disposiez de temps pour vous faire plaisir.

Ces suggestions médiatiques invitent à penser que la pratique de ce type d'activités comblerait un vide dans votre vie, et que vous n'êtes certainement pas normale si tout cela ne vous fait pas envie. Courage ! La vision médiatique du self-care ne doit pas nécessairement correspondre à la vôtre... et d'ailleurs il est nettement plus sain qu'il en soit ainsi.

La culpabilité

Un autre stéréotype à propos du self-care est celui d'une personne qui se prélasse sur un canapé en mangeant du chocolat et en ignorant les tâches ménagères. Ce stéréotype est néfaste dans la mesure où il suggère que prendre quelques minutes pour soi entre deux tâches revient à tout laisser tomber. Il implique que, si vous n'êtes pas totalement submergée par les tâches à accomplir, vous échouez, en quelque sorte. Il s'agit de l'un des stéréotypes les plus nuisibles associés au self-care, car il sous-entend que vous ne prenez pas les choses suffisamment au sérieux si vous ne travaillez pas sans relâche pour le bénéfice de quelqu'un ou quelque chose d'autre que vous-même. D'où le sentiment que, si vous prenez un moment pour vous, vous devez vous sentir coupable.

Bien qu'il puisse être bénéfique de remettre quelque chose à plus tard, la procrastination ou le fait d'ignorer un problème n'est jamais efficace. Ignorer un problème ne fait que l'aggraver. Prendre soin de soi implique de planifier les choses de manière à ce qu'elles n'atteignent pas le statut de problème et inclut d'être prévenant envers votre futur moi en ne lui laissant pas de problèmes à gérer.

Laisser s'éloigner la culpabilité

Il arrive souvent que nous « traînions » notre culpabilité et que nous la laissions couver en nous. Ce n'est pas sain ! Se déculpabiliser peut être très utile pour apprendre à donner la priorité au self-care. Le rituel que je vous propose ici vous libérera d'une partie de votre culpabilité et vous permettra de vous décharger d'un poids dans votre vie.

Rituel pour se libérer de la culpabilité

Il s'agit d'un rituel de combustion dans lequel vous brûlez la chose que vous essayez de bannir ou de libérer. Ce type de rituel peut s'avérer bénéfique si vous tentez de traiter des souvenirs douloureux ou de surmonter des émotions lourdes. Il se peut que vous deviez accomplir ce rituel deux fois par an si vous avez tendance à vous sentir coupable de différentes choses, ou si votre culpabilité à l'égard d'une chose spécifique réapparaît sans cesse. Pratiquez-le aussi souvent que vous en ressentez le besoin.

Ce rituel fait appel à l'ancrage, au centrage et, éventuellement, à la création d'un cercle ; si vous n'êtes pas déjà familiarisée avec ces techniques, consultez les instructions plus loin dans ce chapitre.

Vous avez besoin de :

- Dessous-de-plat
- Récipient résistant au feu et à la chaleur
- Encens et encensoir
- Bougie blanche et bougeoir
- Allumettes ou briquet
- Papier
- Stylo ou crayon

Comment procéder :

1. Centrez-vous et ancrez-vous. Créez un cercle si vous en ressentez le besoin.
2. Placez le dessous-de-plat et le récipient résistant à la chaleur sur celui-ci, à côté de l'encens et de la bougie.
3. Allumez l'encens et la bougie.
4. Asseyez-vous les yeux fermés et pensez à votre sentiment de culpabilité. À quoi est-il lié ? Qu'est-ce qui le déclenche ? Pouvez-vous identifier précisément ce pour quoi vous vous sentez coupable ? Il peut exister des sentiments associés, comme le ressentiment, la tristesse, la honte ou la colère.

5. Lorsque vous êtes prête, écrivez ces sentiments sur le papier.
6. Pliez le papier en deux ou en quatre pour l'adapter au récipient. Prenez le papier dans vos mains et dites :

    Je libère cette culpabilité dans l'Univers.
    J'invite la paix et la sérénité à prendre sa place.
    Ouvrez mon cœur à l'énergie positive de cette leçon.
    Et soutenez-moi alors que j'apprends à prendre soin de moi librement.
    Merci pour vos nombreuses bénédictions.

7. Approchez le coin du papier de la flamme de la bougie. Lorsque le papier s'enflamme, placez-le dans le récipient jusqu'à ce qu'il se transforme en cendres. Laissez l'encens et la bougie se consumer.
8. Plus tard, prenez les cendres du papier et jetez-les dans l'eau d'un ruisseau ou laissez le vent les emporter.

Hygge

Le hygge est un concept danois qui souligne l'importance de se concentrer sur le plaisir de l'instant présent. Il est question ici d'être présente et de s'accorder le temps et l'espace nécessaires pour reconnaître un sentiment ou ce qui se passe au moment présent.

Le hygge est né du besoin des Danois de trouver un moyen de faire face émotionnellement et spirituellement aux hivers longs, froids et sombres. Ainsi, il s'agit de célébrer les petites choses qui font que la vie vaut la peine d'être vécue, comme profiter d'un thé bien chaud, d'un bon livre, d'espaces confortables, d'un sentiment de sécurité et de confort, de plats faits maison et de la compagnie d'amis. Il repose sur l'idée d'une vie peu stressante et qui laisse moins de place à la consommation.

Le hygge est un concept qui s'intègre parfaitement à la pratique magique. La pratique de la magie aspire à la même sorte de sérénité que le hygge. La méditation et le ralentissement pour être dans le moment présent, conscient et reconnaissant de votre moi authentique, sont au cœur du travail magique. La magie cherche à améliorer, à renforcer et à célébrer chacun d'entre nous.

Le hygge suggère que le fait de vivre sa vie peut être une forme d'art, ce qui est une excellente façon d'envisager le self-care. Il ne s'agit pas de le démontrer publiquement, mais de se sentir bien et de s'exprimer, de créer un moment spécial, non pas au sens extraordinaire du terme, mais en reconnaissant que, si vous faites une pause et que vous vous autorisez à considérer et à vous connecter à ce moment, aussi petit soit-il, vous réaliserez que chaque instant peut être spécial simplement parce qu'il vous appartient et que vous le reconnaissez comme tel.

Prendre soin de soi, c'est en partie se donner la permission de vivre ces moments et de les apprécier. Vous êtes encouragée à faire une pause et à prendre en considération le moment, qu'il soit bon ou mauvais. Cela renforce l'idée que vous en valez la peine et valide également vos sentiments, ce qui peut réduire votre niveau de stress général. Plutôt que d'ignorer vos sentiments dans une course effrénée vers l'avant, ces moments de reconnaissance sans jugement constituent un moyen sain de rassurer votre subconscient sur le fait qu'il a le droit d'avoir des humeurs. Il n'a pas besoin d'être tout le temps sur le qui-vive. En fait, il ne devrait pas l'être. Tout le monde et toutes les choses ont besoin de temps d'arrêt.

L'importance d'être authentique

Au fond, l'idée d'être authentique signifie :

- Découvrir qui vous êtes
- Vous accepter
- Être fidèle à vous-même

Ça semble facile ? Pourtant ça ne l'est pas.

Souvent, l'agitation de la vie quotidienne est un moyen de nous distraire et de nous occuper, de sorte que nous ne prenons pas le temps de nous regarder et de comprendre qui nous sommes vraiment. Faire une pause pour se regarder en face peut paraître intimidant. Et si vous n'étiez pas la personne formidable que vous pensez être ?

Il est parfois difficile de prendre soin de soi, car cela signifie faire face à des choses que l'on préférerait ignorer. L'auto-examen est délicat. Il exige un niveau d'honnêteté que vous ne vous sentez peut-être pas prête à assumer. Vous aurez peut-être du mal à admettre que c'est vous qui vous sabotez, sciemment ou non, ou serez terrifiée à l'idée de réaliser que vous devez renforcer votre autodiscipline pour parvenir à être le meilleur de vous-même. Prendre soin de soi signifie reconnaître que vous êtes faible dans certains domaines et que vous avez plus de pouvoir et de contrôle sur votre vie que ce que vous pensez.

Songez-y : si vous admettez que vous avez des points faibles, vous saurez sur quoi travailler et quelles parties de vous ont besoin de plus d'amour et de soins. Si vous acceptez la responsabilité d'être le meilleur de vous-même, vous pourrez alors prendre des décisions avisées.

Essayez cette affirmation : « *J'honore mon véritable moi.* »

Vivre de manière authentique signifie suivre un chemin très personnel. Il s'agit d'une quête unique. Oui, il est difficile d'isoler ses propres valeurs et parfois compliqué de vivre en fonction de celles-ci, alors qu'il serait beaucoup plus confortable de rester dans l'ignorance et de prétendre que tout va bien. Mais prendre soin d'un soi inauthentique, c'est comme remplir un seau qui fuit et que vous ne parviendrez jamais à remplir. Prendre soin de soi implique de valoriser toutes les parties de soi (même celles qui ont encore besoin d'être travaillées). Si vous prétendez être quelqu'un que vous n'êtes pas, comment pouvez-vous être vraiment heureuse? Si vous n'êtes pas authentique, comment pouvez-vous ressentir de la compassion pour vous-même?

Vivre de manière authentique n'est peut-être pas facile, mais c'est gratifiant. Voici quelques éléments à garder à l'esprit :

- Équilibrez ce que vous ressentez et/ou ce dont vous avez besoin par rapport à vos actions.
- Des choix fondés sur des valeurs seront plus sains à long terme que des choix axés sur la commodité ou l'opinion populaire.
- Défendez vos intérêts, vos besoins et vos désirs.
- Ne vous laissez pas guider par le besoin d'être approuvée ou appréciée par les autres. L'approbation est une drogue puissante.

Être authentique peut sembler intimidant. Que se passera-t-il si vous vous montrez telle que vous êtes vraiment, avec vos faiblesses et vos défauts... et que vous êtes rejetée par les autres? La peur est un puissant moyen de dissuasion. La peur de l'échec, du rejet ou de la solitude peut se combiner à la peur de manquer quelque chose, créant un nœud d'anxiété et le sentiment de ne rien contrôler. N'oubliez pas que le fait de vivre dans l'authenticité renforcera votre confiance en vous, ce qui influera sur votre énergie personnelle.

L'auteure Brené Brown parle de cultiver la capacité à être imparfait dans *The Gifts of Imperfection*. Accepter que l'on est imparfait et qu'il est bon de le considérer est précieux pour votre pratique du self-care.

Si l'examen de conscience peut paraître effrayant, le fait de l'ignorer ne fera qu'ancrer un stress inévitable. Surmontez la crainte de vous engager dans une réflexion personnelle au lieu d'être à la merci de la tension qui naît du fait de remettre à plus tard ou d'ignorer quelque chose. Prenez le contrôle. (Consultez l'exercice « Authenticité : sortilège pour vous aider à reconnaître votre véritable moi », au chapitre 2).

Techniques magiques

Ce livre propose une sélection de techniques magiques à intégrer dans votre pratique du self-care. La plupart d'entre elles sont faciles et d'autres demandent de petits achats d'herbes ou de pierres ; même une petite pierre possède une énergie naturelle que vous pourrez exploiter pour soutenir la vôtre. La plupart des herbes s'achètent en épicerie. Les huiles essentielles peuvent paraître chères, mais elles sont concentrées et durent longtemps si elles sont bien conservées à l'abri de la lumière. Voici quelques techniques magiques que vous explorerez dans cet ouvrage.

La visualisation créatrice

Enfant, on vous reprochait de rêvasser ou de faire preuve d'une imagination débordante? La visualisation créatrice est une technique qui exploite vos pouvoirs d'imagination et de concentration pour créer une image de la réalité que vous souhaitez atteindre. Elle est plus ciblée que le rêve éveillé et exige de créer ce que vous visualisez avec précision.

Il vous suffit en effet de visualiser une situation spécifique et de lui accorder de l'énergie afin de l'alimenter et de lui fournir plus de pouvoir.

La visualisation créatrice fonctionne également de façon négative. C'est pourquoi vous devez rester vigilante si votre esprit s'emballe en imaginant quelque chose de terrible. Vous ne voudriez pas accorder plus de pouvoir qu'elle n'en a déjà à une situation négative ?

La méditation

La méditation fournit une pause à votre esprit en lui permettant de se désengager de l'agitation permanente du monde qui vous entoure. Elle présente des avantages physiques, comme le ralentissement du rythme cardiaque et la diminution de la pression artérielle. Sur le plan mental, elle améliore la concentration et permet de lutter contre le stress, la dépression, l'anxiété et les pensées négatives récurrentes. Sur le plan émotionnel, la méditation encourage l'acceptation de soi et l'optimisme. Sur le plan spirituel, elle favorise le calme, la sérénité et un sentiment de paix et d'harmonie avec l'Univers.

Les types de méditation explorés dans ce livre comprennent la méditation de pleine conscience et la méditation respiratoire, deux pratiques très simples qui encouragent la prise en charge de soi.

Exercices de respiration

Les exercices de respiration vous permettent de prêter attention à une fonction autonome qui mérite qu'on s'y intéresse ; en prenant simplement conscience du processus vous pouvez générer des améliorations dans votre vie.

En contrôlant votre respiration, vous agirez sur la profondeur et le rythme de votre absorption et de votre rejet d'oxygène, ce qui produit des effets bénéfiques sur vos fonctions cérébrales, votre rythme cardiaque et la santé de votre corps en général. Les exercices de respiration peuvent également faire office de méditation.

Les herbes magiques

Quelle différence y a-t-il entre la magie par les plantes et l'herboristerie ? Cette dernière est apparentée à la médecine, tandis que la magie travaille avec les énergies de la plante. Les deux ne s'excluent pas. Par exemple, certaines recettes de tisanes présentées dans ce livre intègrent à la fois la magie des plantes et l'herboristerie médicinale. Toutefois, les énergies des fleurs, des buissons, des herbes et des arbres sont principalement employées pour soutenir et encourager le self-care pour le corps de manière magique plutôt que médicinale.

La magie des plantes est exploitée en aromathérapie, avec l'encens, les huiles, les pots-pourris, les sachets, les poudres, les charmes, et comme technique magique de soutien pour d'autres types de magie.

La magie des bougies

Pour en bénéficier, il suffit d'allumer une bougie et de profiter de la beauté de la flamme et de son parfum, mais vous pouvez aussi graver des mots sur la bougie ou percer des trous dans la cire que vous remplirez d'herbes et/ou d'huiles. Il n'est pas nécessaire d'investir dans des bougies coûteuses, même si les moins chères risquent de brûler de manière inégale et de fumer anormalement.

Vous pouvez également acheter vos ingrédients et fournitures pour vous amuser à fabriquer vos propres bougies, ce qui vous permettra d'ajouter des herbes séchées en poudre et des huiles essentielles lors du processus de fabrication.

Voici quelques conseils pour les bougies :

- Achetez un lot de bocaux de toutes tailles (vous en trouverez facilement dans les brocantes ou les magasins d'occasion) et utilisez-les comme chandeliers, soit avec des bougies chauffe-plats, soit avec des bougies piliers. Attachez du ruban ou du raphia autour de chaque pot pour un effet rustique. (Veillez à ce que le ruban ou le raphia ne soit pas trop près du haut du bocal pour qu'il reste à l'abri de la flamme). Changez les couleurs des rubans ou du raphia au fil des saisons et des occasions.
- Graissez l'intérieur du pot avec de la vaseline ou de l'huile d'olive pour éviter que la bougie ne colle au fond une fois qu'elle a fini de brûler.
- Utilisez toujours un éteignoir à bougie pour arrêter la flamme au lieu de souffler afin d'éviter de répandre de la cire sur ou autour de vous.
- Choisissez des bougies au soja ou des bougies contenant un pourcentage élevé de cire d'abeille. Non seulement elles brûlent plus proprement, mais elles rejettent également moins de produits chimiques nocifs dans l'air et sont généralement fabriquées dans de meilleures conditions.
- Respectez les règles de sécurité incendie propres aux bougies. Ne les laissez jamais sans surveillance et assurez-vous qu'il n'y a rien d'inflammable autour d'elles.

Magie des cristaux et des pierres précieuses

Comme les bougies, les cristaux et autres pierres peuvent constituer un élément passif de self-care, mais ils peuvent aussi jouer un rôle plus actif si vous les chargez ou les programmez pour diriger leur énergie vers un objectif spécifique. Les cristaux et les pierres sont de formidables petites piles d'énergie native auxquels vous pouvez accéder facilement. Ils sont généralement assez petits pour être glissés dans une poche ou un sac et vous trouverez aisément des bijoux sertis de pierres qui s'alignent avec votre objectif. Les pierres sont également réutilisables ; purifiez-les correctement (voir les instructions de nettoyage et de purification plus loin dans ce chapitre) et elles seront toujours prêtes à être réutilisées.

Les bases de la magie

L'objectif principal de ce livre n'est pas d'enseigner les bases de la pratique magique. Cependant, dans le but de mettre tout le monde sur un pied d'égalité, voici quelques techniques fondamentales.

Bien se recentrer et s'ancrer

Cette technique magique essentielle s'intègre particulièrement bien au self-care. Il s'agit d'une pratique qui apaise l'énergie personnelle agitée, reconstitue l'énergie personnelle faible et qui favorise un sentiment d'appartenance, de connexion et de réconfort.

Se centrer et s'ancrer

Il s'agit de la première chose à faire avant de s'engager dans tout type de travail magique afin de s'assurer que vous n'épuiserez pas votre énergie personnelle pendant le rituel.

Comment procéder :

1. Fermez les yeux et respirez profondément.
2. Visualisez une lumière au centre de votre corps. Ce que vous considérez comme le cœur de votre corps vous appartient ; certaines personnes le situent autour du cœur, d'autres, du plexus solaire ou plus bas dans l'abdomen. Ce qui est important, c'est que cela ait un sens pour vous en tant que noyau.
3. Visualisez une vrille de lumière qui descend de votre centre vers la Terre. Voyez-la descendre à travers la surface, jusqu'au cœur de la Terre. Visualisez votre vrille d'énergie rencontrant l'énergie de la Terre. Aspirez une partie de l'énergie de la Terre dans cette vrille comme s'il s'agissait d'une paille en l'amenant dans votre corps. Laissez l'énergie de la Terre vous remplir.
4. Si vous êtes fatiguée ou en manque d'énergie, vous pouvez utiliser cette énergie terrestre pour vous ressourcer ou vous rééquilibrer.
5. Si vous vous sentez nerveuse ou bourdonnante, tendue ou distraite, une fois que vous avez connecté votre énergie à celle de la Terre, visualisez une partie de votre énergie personnelle s'écoulant pour être absorbée par la Terre.

Ce processus est plus facile à visualiser si vous imaginez que l'énergie de la Terre est d'une couleur différente de la vôtre.

Les cercles

Un cercle magique est une barrière énergétique créée pour délimiter un espace sacré dans lequel pratiquer, un endroit conçu pour protéger ce qui se trouve à l'intérieur ou pour empêcher l'énergie indésirable d'entrer, fournissant un moyen de recueillir l'énergie concentrée pendant qu'elle est élevée, avant qu'elle ne soit libérée vers un objectif. Vous n'aurez peut-être pas besoin d'un cercle, mais il est bon de savoir comment en créer un, car le cercle peut également servir de bouclier personnel pour éloigner les énergies négatives.

Créer un cercle

Voici comment créer et fermer un cercle magique.

Comment procéder :

1. Centrez-vous et ancrez-vous.
2. Aspirez l'énergie de la Terre dans votre centre et laissez-la couler le long du bras de votre main dominante.
3. Imaginez que l'énergie de la Terre s'écoule de vos doigts. Pointez votre main sur le côté et tournez lentement sur place en visualisant l'énergie s'écoulant comme un ruban pour entourer votre zone de travail. Terminez le cercle en visualisant le ruban d'énergie qui rejoint l'extrémité où vous avez commencé.
4. Une fois que l'anneau d'énergie est complet, visualisez l'énergie s'élevant pour former des murs, puis un dôme au-dessus de votre tête. Visualisez un hémisphère similaire en dessous de vous, de sorte que l'énergie vous entoure comme une sphère.
5. Lorsque votre travail est terminé, visualisez-le à l'envers. Voyez les demi-sphères au-dessus et au-dessous de vous s'effacer au profit

du simple ruban d'énergie qui vous entoure. Pointez ensuite votre main à l'endroit où le cercle a commencé et tracez-le en sens inverse, en imaginant que l'énergie revient dans votre main et remonte le long de votre bras jusqu'à votre cœur. Veillez à ce qu'elle passe par votre noyau et par votre connexion à la Terre pour lui permettre de rejoindre l'énergie terrestre dont elle est issue.

Espace sacré

L'espace sacré est un espace consacré à ce que vous avez de meilleur en vous. Un cercle magique créé pour mettre à l'écart votre monde quotidien est déjà une forme d'espace sacré temporaire, mais l'espace sacré peut aussi être créé avec intention d'autres manières. C'est probablement la technique que vous utiliserez le plus souvent.

Pour créer un espace sacré, vous pouvez utiliser :

- Une bougie et de l'encens dédiés à cet effet.
- De l'eau bénite (obtenue en ajoutant une pincée de sel à une tasse d'eau) que vous aspergerez sur une zone spécifique.
- Des herbes que vous disperserez.
- Une zone dédiée aux quatre éléments (Terre, Air, Feu et Eau) en utilisant de l'encens, qui représente le Feu et l'Air, et de l'eau bénite, qui représente la Terre et l'Eau.

Objets nettoyants et purifiants

En magie, avant d'employer des objets, il est toujours bon de nettoyer leur énergie. L'énergie a tendance à s'accumuler sur les objets, surtout ceux qui sont manipulés par des personnes. Vous avez peut-être programmé certains objets pour qu'ils effectuent un travail énergétique spécifique, comme absorber la négativité, protéger ou attirer quelque chose vers vous. Après les avoir utilisés, il est bon de les soumettre à un nettoyage magique afin qu'ils restent propres.

Ne vous inquiétez pas, la purification d'un objet n'enlève pas son énergie propre. En d'autres termes, vous n'avez pas à vous inquiéter d'effacer la capacité du cristal de roche à vous fournir de l'énergie ou celle de l'obsidienne à vous protéger de la négativité en les purifiant.

Voici plusieurs façons de purifier quelque chose de magique :

- Placez l'objet à la lumière du Soleil ou de la Lune pendant environ 24 heures. Disposez un petit miroir sous l'objet pour augmenter l'efficacité de la purification.
- Placez l'objet dans un récipient contenant du sel. Attention aux objets métalliques, car ils peuvent rouiller. Cette méthode fonctionne mieux avec les pierres et les cristaux.
- Placez l'objet dans un plat rempli de sable et couvrez-le. Enveloppez l'objet dans un tissu léger, si vous le souhaitez.
- Faites passer l'objet à travers la fumée d'encens, de bois de santal ou de myrrhe. (Voir le chapitre 5 pour les recettes d'encens).
- Prenez l'objet dans vos mains, ou recouvrez-le avec vos mains. Centrez-vous et ancrez-vous, puis aspirez l'énergie de la Terre. Imaginez qu'elle coule jusqu'à vos mains et qu'elle entoure l'objet, puis dites : « *« Avec cette énergie, je te purifie ; avec cette énergie, tu es débarrassé de toute énergie extérieure. Qu'il en soit ainsi. »*

La pleine conscience

La pleine conscience n'est pas tant une technique qu'un aspect important de la pratique magique. La pleine conscience consiste à s'inscrire dans le moment présent, à permettre à la tâche que vous effectuez de profiter de toute votre attention, à être détendue afin de rester pleinement ouverte à l'expérience.

La pleine conscience est fondamentale en magie, car vous êtes liée à votre environnement, ce qui a un impact sur vous. Il est donc essentiel de rester consciente pour choisir ce dont vous voulez vous inspirer dans votre travail magique. Vous devez également être en mesure de faire la différence entre une bonne et une mauvaise énergie (ou une énergie favorable ou défavorable).

Tendre la main et être capable de sentir ce qui vous entoure demande un curieux mélange de concentration et de lâcher-prise. Consultez les exercices de prise de conscience et les exercices sensoriels du chapitre 2 pour travailler sur la pratique de la pleine conscience.

Tenir un journal consacré au bien-être

La rédaction d'un journal est une pratique bénéfique. Il s'agit aussi d'un élément clé du travail magique. Conserver des traces de votre travail vous permet de consulter vos notes concernant les mélanges d'herbes ou d'encens, le moment choisi, les succès et les échecs, l'origine des idées, les références et les expériences avec les énergies des différents matériaux et composants. Associer ou unir les concepts de journal consacré au bien-être et de journal magique fait sens lorsque l'on est dans une démarche de self-care.

Vous garderez plus d'un journal magique et/ou de self-care dans votre vie, alors ne vous attardez pas à trouver le journal parfait qui durera toujours. N'importe quel journal ou carnet vierge, joli et qui vous rend heureuse rien qu'en le regardant conviendra très bien.

Vous tenez déjà un journal magique dans lequel vous consignez votre travail énergétique, vos sorts et vos rituels ? Décidez si vous voulez commencer un journal de self-care séparé ou si vous allez écrire dans celui-ci. Faites ce qui vous semble le mieux. Vous pouvez toujours commencer d'une certaine façon et changer plus tard si votre choix initial ne vous convient plus.

Une astuce pour le journal de self-care : collez une enveloppe sur la couverture à l'arrière ou utilisez du ruban adhésif coloré pour scotcher le bas et le côté des deux dernières pages afin de créer une poche ouverte en haut. Vous pourrez ainsi y recueillir vos petits trésors.

Les rituels suivants vous aideront à démarrer votre pratique d'écriture quotidienne. Le premier est une technique simple pour bénir votre nouveau journal de self-care. Le second établit des conditions optimales pour permettre d'écrire de manière efficace.

Rituel autour de votre journal

Avant de commencer à utiliser de nouveaux outils, il est bon de les purifier et de les bénir ou de les dédier à l'usage auquel ils sont destinés. Ce rituel nécessite une bougie et de l'encens qui seront à nouveau utilisés pour vos futures séances d'écriture. Pourquoi ne pas commencer avec un nouveau stylo ? Gardez-le pour vous en servir uniquement dans votre journal de self-care.

Vous avez besoin de :

- Bougie d'une couleur que vous associez à la clarté et à la réflexion sur soi (quelques suggestions : blanc, bleu pâle, jaune pâle) et bougeoir
- Encens de votre choix (bois de santal, lavande, jasmin) et encensoir
- Allumettes ou briquet
- Nouveau carnet de notes
- Stylo
- Marqueurs, autocollants, ruban adhésif, etc. (facultatif)

Comment procéder :

1. Centrez-vous et ancrez-vous.
2. Allumez la bougie et l'encens. Asseyez-vous ou tenez-vous debout de manière détendue, les yeux fermés, et laissez-vous aller au moment présent pendant une minute ou deux.
3. Prenez le carnet et passez-le au-dessus de la bougie, puis à travers la fumée de l'encens, en disant : « *Je te purifie de l'énergie négative.* » Faites de même avec le stylo.
4. Prenez le livre et fermez les yeux. Respirez lentement et profondément, puis dites :

   Que ce livre m'encourage à me valoriser,
   à prendre soin de moi comme je le mérite,
   et à me célébrer. Il est mon ami et mon soutien.
   Qu'il en soit ainsi !

5. Écrivez ceci (ou une bénédiction de votre création) sur la première page de votre journal. Décorez-le à votre guise avec des autocollants ou des dessins... tout ce qui vous fera plaisir et vous rendra heureuse chaque fois que vous l'ouvrirez.

Conseils :

- Vous pouvez utiliser une série de petites bougies ou consacrer une grande bougie pilier à vos séances d'écriture. Dans ce cas, percez des trous en haut de la bougie et y faites couler délicatement des huiles essentielles ou remplissez-la d'herbes en poudre pour ajouter leur énergie à l'expérience. (Voir le projet de bougie pour améliorer l'énergie chez vous, au chapitre 5).
- Si vous utilisez de l'encens en bâtonnets, vous n'êtes pas obligée d'en laisser brûler un entier chaque fois que vous l'allumez. Si vous avez fini avant qu'il ne soit consumé, il suffit de l'éteindre délicatement dans l'encensoir et de le remettre dans le paquet pour la fois suivante. Expérimentez et voyez ce qui fonctionne le mieux pour vous.

Rituel pour vous concentrer sur l'écriture

Le recours aux rituels magiques est un moyen de distinguer une action de la vie quotidienne. La répétition d'une certaine séquence d'actions vous permettra de vous familiariser avec ce qui vient ensuite dans la séquence. Ce rituel entraînera votre esprit à se glisser rapidement dans l'espace calme qui favorisera un élan d'écriture fluide.

Ce rituel formel est conçu pour vous permettre d'entrer chaque fois dans l'état d'esprit optimal pour les différents exercices d'écriture proposés dans le livre. Pourquoi ne pas vous préparer une tasse de thé pour l'accompagner, ou vous servir une boisson rafraîchissante ?

Ce rituel nécessite une bougie et un encens de votre choix, de préférence dans des couleurs et des parfums que vous associez à la paix et à la clarté. Utilisez toujours la même bougie et le même encens pour votre séance d'écriture. Le cadre familier de ce rituel agira comme un déclencheur qui vous aidera à atteindre plus facilement un état de détente et de réflexion. Vous pouvez également choisir un encens de méditation (voir chapitre 5).

Vous avez besoin de :

- La bougie liée à votre journal fixée dans un bougeoir (voir plus haut dans ce chapitre)
- L'encens lié à votre journal et un encensoir (voir plus haut dans ce chapitre)
- Allumettes ou briquet
- Votre journal et un stylo (voir plus haut dans ce chapitre)

Comment procéder :

1. Centrez-vous et ancrez-vous.
2. Allumez la bougie et l'encens en disant : « *La paix m'entoure. Je suis présente au cœur de l'instant.* »

3. Asseyez-vous de manière détendue les yeux fermés et laissez-vous aller à l'instant présent pendant une minute ou deux. Ensuite, ouvrez les yeux et votre journal et notez tout ce que vous avez envie d'écrire et de conserver.

4. Lorsque vous avez terminé, fermez le carnet et dites : « *Je remercie l'Univers pour ces nombreuses occasions de réfléchir et d'explorer mon esprit. Que je sois toujours bénie.* »

Conseil :

- Pour recréer une atmosphère propice au self-care, essayez d'écouter le même album ou la même playlist relaxante et méditative pendant que vous écrivez dans votre journal.

Chapitre 2

Bien-être mental et émotionnel

Ce chapitre est consacré au soin général de votre énergie personnelle et vise à vous aider à rester en bonne santé mentale et émotionnelle. Il aborde les attitudes, les relations et la manière de maintenir l'équilibre dans tous les domaines de votre vie. Chacune de ces sphères (ainsi que les domaines physique et spirituel de votre vie ; voir les chapitres 3 et 4) influe sur les autres. Si vous vous efforcez d'améliorer votre bien-être dans un domaine, les autres sphères s'en trouveront automatiquement renforcées, car cela produit des effets bénéfiques en cascade.

Identifier vos objectifs personnels

Comment commencer à prendre soin de soi ? Réfléchissez : pour quoi vivez-vous ? Qu'est-ce qui vous rend heureuse ?

Il est important de définir ces éléments, car sans objectif vous risquez de vous disperser et d'essayer de vous sentir mieux en général sans vous attaquer à la ou les sources de vos déséquilibres. Identifier vos objectifs implique d'employer plus efficacement votre temps et votre énergie pour vous. La connaissance de ces objectifs déterminera la qualité de vos soins personnels et facilitera votre engagement à vivre de manière authentique.

La création d'un tableau de visualisation destiné au self-care est une façon d'identifier vos objectifs pour vous-même.

Tableau de visualisation dédié au bien-être

Un tableau de visualisation est une sélection thématique d'images, de citations et d'objets présentés sur une surface plane. Lorsque vous créez un tableau de visualisation et que vous le placez dans un endroit où vous le regardez souvent, vous effectuez de courts exercices de visualisation tout au long de la journée. Consciemment ou inconsciemment, des signaux sont envoyés à votre esprit et réactivent l'énergie liée à ces objectifs. La visualisation est un outil de bien-être puissant.

Lorsque vous créez un tableau de visualisation, concentrez-vous sur la façon dont vous voulez que les choses soient. Choisissez des éléments qui suscitent les émotions que vous voulez ressentir, qui vous rappellent la vie que vous voulez avoir. Concentrez-vous sur les aspects moins tangibles de la vie ; il est agréable de souhaiter des choses matérielles, mais ce n'est pas vraiment ce dont il s'agit. Votre tableau de visualisation doit vous motiver et vous inspirer à travailler pour atteindre la qualité de vie dont vous souhaitez profiter.

La création de votre tableau de visualisation est un processus personnel. Ce que vous utiliserez dépendra de votre budget, de l'espace dont vous disposez pour l'afficher et de vos choix créatifs. Vous pouvez employer un panneau de liège ou un panneau d'affichage ou réutiliser un cadre que vous possédez déjà en remplaçant son contenu par du papier cartonné vierge.

Avant cela, prenez le temps de réfléchir aux thèmes que vous souhaitez représenter. Cherchez des images ou des œuvres d'art spécifiques. Demandez-vous également si vous voulez que ce tableau soit permanent ou s'il s'agit d'une évolution constante qui reflète l'évolution de vos besoins. Vous pourriez en créer un nouveau chaque année et conserver les anciens pour y revenir, ou décider que c'est l'évolution elle-même qui est importante.

Vous avez besoin de :

- Base pour votre tableau (liège, tableau d'affichage, etc.)
- Papier cartonné vierge
- Stylos ou feutres
- Photos ou souvenirs qui illustrent vos objectifs
- Colle, ruban adhésif ou épingles

Comment procéder :

1. Rassemblez votre matériel.
2. Si vous le souhaitez, utilisez le rituel d'écriture du chapitre 1 pour préparer l'activité. Sinon, créez une ambiance agréable pour travailler : réglez l'éclairage, mettez de la musique, etc.
3. Concevez votre tableau. Préférez-vous laisser de l'espace entre les visuels ou voulez-vous qu'ils se chevauchent? Décidez également si vous souhaitez remplir complètement le tableau ou laisser de la place pour de nouveaux éléments au fur et à mesure qu'ils prennent de l'importance dans votre vie.
4. Écrivez une affirmation ou une courte liste d'objectifs sur le morceau de papier cartonné et placez-le sur le tableau.
5. Disposez les éléments autour de l'affirmation ou de la liste comme vous le souhaitez, sans les attacher. Une fois la disposition choisie, fixez les éléments avec des épingles, de la colle ou du ruban adhésif. Vous pouvez également choisir de jolis autocollants.
6. Accrochez votre tableau de visualisation bien en évidence dans un endroit où vous le regarderez souvent.

Affirmations

La pensée positive s'est attirée les foudres des médias et des experts qui la considèrent comme une façon simpliste d'essayer de changer les choses. Mais, parallèlement, des études en psychologie ont conclu que le fait d'entendre sans cesse des propos négatifs pouvait nuire au développement de la jeune psyché. Le discours négatif sur soi peut causer des dommages similaires. Les schémas de pensée peuvent avoir un impact sur votre santé. Il est facile d'orienter son esprit en répétant quelque chose, mais on le fait généralement de façon involontaire et négative. L'esprit est puissant et il est très ouvert à la suggestion.

Nous pourrions le résumer ainsi : vous êtes la personne qui vous parle le plus souvent. Vous vous entendez parler plus que quiconque au monde. Alors, soyez compatissante à votre égard.

Notre discours personnel s'avère souvent très dur. Il peut être agressif, condescendant, intimidant, abusif et parfois méchant. Si quelqu'un parlait de cette façon à une autre personne, vous seriez choquée et peut-être que vous auriez envie d'intervenir. Alors pourquoi ne réagissons-nous pas pour nous-même ?

Il s'agit en fait d'un phénomène interne, et la plupart du temps nous ne le remarquons même pas.

Il est parfois très difficile de réapprendre à votre voix intérieure à être bienveillante. Le fait de vous imaginer comme une enfant pourrait vous aider. « *Ça fait mal?* » pourriez-vous vous demander. « *On dirait que oui. Ce n'est pas grave. C'est douloureux, mais ce sera bientôt fini. Regarde ce joli papillon. Je me demande où il va aller se poser.* » De la même manière que vous remarqueriez l'émotion d'un enfant et que vous l'aideriez à détourner son attention de ce qui le perturbe, vous êtes capable de rediriger votre propre attention. Travailler sur le moment présent et laisser les pensées s'écouler sans se laisser emporter par elles est un entraînement qui aide énormément à gérer le discours négatif sur soi. Vous trouverez de nombreux exercices de pleine conscience tout au long de cet ouvrage.

Les affirmations sont un autre moyen pratique et facile d'aborder le monologue intérieur négatif. Une affirmation est une déclaration positive qui renforce un objectif ou une circonstance souhaitée ou qui contrecarre quelque chose de négatif. Si vous vous surprenez à critiquer ce que vous avez dit ou fait, une décision que vous avez prise ou ce que vous n'avez pas fait, prenez un moment pour faire le vide dans votre esprit, respirez lentement et profondément, puis répétez une affirmation positive. Voici quelques exemples :

- *J'ai le droit de faire des erreurs.*
- *J'ai pris une décision, une parmi tant d'autres. C'est du passé.*
- *Je ferai mieux la prochaine fois.*
- *Je suis là où je dois être.*
- *Je me suffis.*
- *J'ai le pouvoir de me changer et de changer mon monde.*

Est-ce que le fait de dire une simple phrase va changer les choses ? Hélas, ce n'est pas si simple. La répétition est la clé. En réitérant des affirmations positives comme celles-ci, vous commencerez à rediriger votre esprit pour qu'il soit plus positif, optimiste et confiant.

Si vous apprenez mieux en écrivant les choses, notez vos affirmations dans votre journal. N'en rédigez pas trop à la fois ; travaillez sur deux ou trois, au maximum, puis passez à une autre série après un mois ou deux.

Bien commencer votre journée

Se ménager un espace de tranquillité avant que la journée ne commence vraiment est une pratique précieuse qui vous aidera à favoriser et à conserver un état d'esprit stable à partir duquel vous pourrez aborder votre routine. Si cette routine ne vous convient pas, modifiez-la jusqu'à ce qu'elle réponde à vos besoins.

Routine quotidienne de cinq minutes pour bien commencer la journée

Il s'agit de la version basique d'une routine orientée vers le bien-être. Pour une version spirituelle spécifique, voir le rituel quotidien pour bien commencer sa journée au chapitre 4. Vous pouvez également associer les deux pour commencer votre journée de la meilleure façon possible.

Comment procéder :

1. Réveillez-vous. Étirez-vous. Vous pouvez faire l'une de ces postures de yoga sans quitter votre lit : l'Enfant, le Cobra, le Chat/la Vache, le Pigeon.
2. Asseyez-vous en tailleur et fermez les yeux. Respirez profondément et focalisez votre attention sur votre corps. Y a-t-il un endroit qui vous fait mal, qui vous semble bizarre, qui nécessite une attention particulière aujourd'hui ?
3. Levez-vous. Buvez un verre d'eau en conscience. Remarquez la sensation du liquide dans votre bouche, les muscles qui bougent lorsque vous avalez.
4. Passez mentalement en revue le programme de votre journée en dégustant votre première tasse de thé ou de café. Prenez un moment pour ouvrir votre esprit et accepter les tâches qui vous attendent.

Ne vous attardez pas sur la façon dont vous les exécuterez ; acceptez simplement qu'elles figurent sur la liste des choses à faire.

5. Choisissez une affirmation pour votre journée en fonction de votre analyse corporelle, de votre programme de la journée et de votre humeur générale. Des affirmations telles que « *Je me suffis* », « *Je relève les défis avec grâce* » et « *Je suis calme et capable* » sont de belles affirmations universelles, mais il est préférable d'adapter votre affirmation à vos besoins.
6. Et... c'est parti pour la journée !

Conseil :

- Cinq minutes supplémentaires consacrées à votre journal peuvent constituer un complément bénéfique à cette liste de soins personnels matinaux : vous pourriez écrire plusieurs fois l'affirmation quotidienne que vous avez choisie pour vous en imprégner. Allez voir le Rituel quotidien pour bien commencer sa journée au chapitre 4 pour trouver davantage d'idées.

Authenticité

Prendre soin de soi peut s'avérer difficile. Vous devez savoir qui vous êtes vraiment pour pouvoir prendre soin de vous correctement. Définir les différentes parties de vous-même est un excellent exercice d'acceptation de soi. Le sort suivant vous aidera à reconnaître les différentes parties qui vous composent, et les affirmations vous aideront à garder à l'esprit à quel point vous êtes formidable.

Sortilège pour vous aider à reconnaître votre véritable moi

Voici un sort qui vous aidera à mieux comprendre qui vous êtes, afin que vous puissiez vous accepter plus facilement.

Vous avez besoin de :

- Papier
- Crayon ou stylo

Comment procéder :

1. Centrez-vous et ancrez-vous. Respirez profondément et lentement.
2. Écrivez votre nom au milieu de la feuille.
3. Écrivez autour de votre nom des mots qui reflètent qui vous êtes ; pas ce que vous *aimeriez être*, mais ce que vous *êtes vraiment*. Timide? Peureuse? Mélancolique? Intellectuelle? Vous avez peur d'être rejetée? Vous vous sentez délaissée par vos amis? Vous êtes inquiète qu'on ne comprenne pas votre approche? Fan de cinéma? Notez tout. Personne d'autre que vous ne le verra. Soyez précise. Ne vous jugez pas. Ne vous cherchez pas d'excuses. Mais ne laissez pas de côté les bonnes choses. Vous êtes une oreille attentive? Vous avez le sens de l'humour? Vous aimez courir, chanter, jouer?

4. Prenez le papier et dites :

   De l'intérieur,
   Le passé vers l'extérieur,
   Je ne me cache plus.
   Je suis moi-même,
   Je me suffis,
   Je mérite l'amour.

5. Pliez le papier et glissez-le dans votre journal. Relisez-le de temps en temps lorsque vous avez l'impression de perdre le sens de qui vous êtes vraiment.

Conseil :

- Si vous en ressentez le désir, rédigez un sort d'authenticité plusieurs fois par an. Datez-les afin de pouvoir retracer leur évolution lorsque vous les relirez. Vous devriez voir des concepts fondamentaux réapparaître. Ceux-ci vous décrivent en votre centre.

Affirmations d'authenticité

Rester fidèle à qui vous êtes dans votre cœur et dans votre esprit est un défi permanent. Lorsque vous avez l'impression que vous faites semblant d'être quelqu'un d'autre, ou lorsque vous faites des choix parce qu'ils semblent faciles plutôt que justes (si cela devient une habitude parce que c'est plus simple, il est temps de revoir le sort d'authenticité précédent), travailler avec des affirmations sur le thème de l'authenticité vous aidera à rester sur la bonne voie.

Vous êtes anxieuse à l'idée de provoquer des changements que vos proches pourraient remettre en question ou contester ? Renforcez votre engagement à être authentique avec ces affirmations qui vous rappeleront que vous avez le droit d'être ce que votre esprit vous dicte d'être.

Comment procéder :

Ces affirmations peuvent être écrites, prononcées à voix haute dans le cadre d'une méditation, répétées dans votre cœur ou à voix haute en vous regardant dans les yeux dans le miroir, écrites sur des notes autocollantes et affichées dans votre bureau, tapées dans une belle police de caractères et utilisées en tant qu'écran de verrouillage sur votre téléphone, et plus encore. Les possibilités sont illimitées.

- *Je suis valide.*
- *Je suis la personne que je souhaite être.*
- *Je suis la meilleure version de moi-même.*
- *Je libère toutes les fausses projections et j'embrasse mon véritable esprit.*
- *Je suis vive et créative.*
- *Mes actions et mes choix reflètent mes valeurs.*
- *Je me sens bien dans mon cœur et dans mon esprit.*
- *J'honore qui je suis.*

Conseils :

- Vous voulez utiliser toutes ces affirmations dans le cadre d'une prière ? Allez-y !
- Comme chaque fois, modifiez ces affirmations si vous en ressentez le désir et écrivez les vôtres pour les adapter à vos besoins.

Exercices d'écriture

Une excellente façon de se rappeler que le bonheur est à portée de main consiste à dresser la liste des choses qui vous procurent de la joie ; écrivez-les dans votre journal. Il peut parfois être difficile ou décourageant d'écrire sans contexte particulier, aussi une excellente façon d'aborder l'écriture est de travailler sur un sujet spécifique. Les exercices d'écriture suivants vous aideront à explorer certains détails qui vous permettront de mieux comprendre votre personnalité.

Exercice d'écriture : Gratitude sensorielle

L'une des façons de vous sentir davantage reliée au monde qui vous entoure (et de découvrir comment étendre vos méthodes de self-care) consiste à explorer votre relation avec vos sens physiques. Qu'est-ce qui vous procure de la joie lorsque vos sens s'expriment ?

Vous avez besoin de :

- Votre journal
- Stylo ou crayon

Comment procéder :

1. Centrez-vous et ancrez-vous.
2. Prenez quelques instants pour ouvrir votre esprit et réfléchir à chaque sens, à tour de rôle. Notez vos réponses, puis passez au sens suivant.
    - Quelles images vous procurent de la joie ?
    - Quels sons vous procurent de la joie ?
    - Quels parfums vous procurent de la joie ?
    - Quels goûts vous procurent de la joie ?
    - Qu'est-ce qui vous procure de la joie au toucher ?

3. Ne vous censurez pas et ne vous critiquez pas lorsque vous faites vos listes. Personne d'autre que vous ne les verra. Si vous aimez vous enfouir le visage dans la fourrure d'un chaton, notez-le. Si vous aimez l'odeur d'un marqueur neuf ou d'une allumette qui vient de s'éteindre, notez-le.
4. Les listes n'ont pas besoin d'être exhaustives. Il suffit d'énumérer une ou deux choses lors de chaque session d'écriture.

Cet exercice d'écriture vous invite à réfléchir à la relation que vous entretenez avec vos sens d'une manière non abstraite. Il vous aide à réfléchir à des moments spécifiques au sein d'actions plus vastes. L'odeur d'une allumette tout juste éteinte est un instant précis dans le processus plus large qui consiste à craquer l'allumette, à allumer la flamme, puis à secouer ou éteindre l'allumette. Maintenant que vous savez que ce moment vous procure de la joie, vous pouvez y prendre plaisir la prochaine fois que vous vous servirez d'une allumette. Pour reconnaître et apprécier pleinement cette sensation agréable, soyez entièrement présente au moment où elle se produit.

Exercice d'écriture : Gratitude saisonnière

Tenir un journal de gratitude peut vous aider à reconnaître les occasions de pratiquer la gratitude. Comme pour la joie, écrire sur un sujet aussi vaste que la gratitude peut parfois s'avérer intimidant sans contexte particulier. Cet exercice vous offre donc la possibilité d'explorer la gratitude dans un contexte saisonnier. Voir aussi le chapitre 4 pour des idées sur la façon de travailler avec les énergies saisonnières pour prendre soin de soi.

Vous avez besoin de :

- Votre journal
- Crayon ou stylo

Comment procéder :

1. Centrez-vous et ancrez-vous.
2. Prenez quelques instants pour ouvrir votre esprit et réfléchir à chaque saison. Notez vos réponses, puis passez à la saison suivante.
   - De quoi êtes-vous reconnaissante au printemps ?
   - De quoi êtes-vous reconnaissante en été ?
   - De quoi êtes-vous reconnaissante en automne ?
   - De quoi êtes-vous reconnaissante en hiver ?
3. Ne vous censurez pas et ne vous critiquez pas lorsque vous rédigez vos listes. Personne d'autre que vous ne les verra. Si vous êtes reconnaissante de trouver une excuse pour rester davantage à l'intérieur pendant l'hiver, notez-le. Les listes n'ont pas besoin d'être exhaustives. Il suffit de citer une ou deux choses lors de chaque session d'écriture.

Conseil :

- Si vous vivez dans une zone géographique où les saisons varient peu, pensez au calendrier annuel. Par exemple, comment les saisons s'illustrent-elles dans les produits que vous mangez ?

Exercice d'écriture : Gratitude quotidienne

L'un des principes de la magie est que ce que vous souhaitez attire ce qui se réalise. Ainsi, la liste des choses pour lesquelles vous êtes reconnaissante vous invite à définir d'autres bénédictions ou bonnes choses pour lesquelles vous pouvez être reconnaissante. Cet exercice est bon pour la santé mentale et émotionnelle. Lorsque vous vous efforcez de citer les choses agréables qui se sont produites ou que vous avez accomplies, vous validez vos propres réussites. Il est sain d'être fière d'avoir réussi à passer la journée lorsqu'elle a été difficile. Allez-y !

À la fin de la journée, asseyez-vous avec votre journal et rédigez :

1. Trois succès. *Vous* définissez ce qui constitue un succès. Si vous souffrez d'une maladie chronique, un succès peut être « *Je suis sortie du lit* » ou « *J'ai pris mon petit déjeuner* ». Peut-être qu'un succès consiste à vous souvenir de prendre votre vitamine ou à vous hydrater suffisamment au travail. L'essentiel est que vous considériez cette réussite dans le contexte de la journée que vous avez passée.
2. Trois choses qui vous ont procuré de la joie. Là encore, c'est à vous de définir ce qu'était la joie ce jour-là. Votre chanson préférée est passée à la radio sur le chemin du travail ? Le numéro de votre mensuel préféré est arrivé dans votre boîte aux lettres ? Si cela vous a fait plaisir, notez-le.
3. Trois choses pour lesquelles vous êtes reconnaissante. Vous êtes reconnaissante d'avoir pris les transports tôt pour profiter d'un peu plus de temps pour vous installer avant le début des cours. Un problème de serveur informatique vous a permis de rentrer tôt à la maison et de vous asseoir au soleil avec un bon livre ? Vous étiez là quand un ami avait besoin de vous parler aujourd'hui ? Notez-le.

Trouver trois choses vous paraît compliqué ? Commencez par une dans chaque catégorie, puis passez à deux, et enfin à trois. Vous constaterez que c'est de plus en plus facile à mesure que vous le pratiquez.

Après quelques jours, vous remarquerez que votre humeur s'est améliorée, car vous vous concentrez sur les choses positives plutôt que sur les mauvaises choses. La négativité a tendance à s'installer plus facilement que la positivité ; lorsque vous parvenez enfin à la chasser de votre esprit, quelque chose vous la rappelle. Pratiquer la gratitude au quotidien en choisissant de noter les bonnes choses plutôt que les mauvaises signifie que vous choisissez consciemment de rechercher les événements positifs. Il s'agit d'une autre forme de maîtrise de votre esprit et de réorientation de vos schémas de pensée.

Sorts pour combattre le stress

La gestion du stress et de l'anxiété facilitera votre fonctionnement quotidien et vous permettra de faire face aux situations difficiles tout en améliorant votre santé physique, mentale et émotionnelle, ainsi que votre estime de soi et votre confiance en vous. Voir la section sur la méditation au chapitre 4 pour d'autres techniques de gestion du stress.

Faire le plein de lumière

Prendre quelques minutes pour vous exposer à la lumière peut vous fournir la pause mentale dont vous avez besoin et agira comme une purification rapide de votre aura (énergie personnelle qui vous entoure). Il s'agit d'un excellent moyen de récupérer si vous vous sentez stressée.

Comment procéder :

1. Centrez-vous et ancrez-vous.
2. Fermez les yeux et respirez lentement et profondément. À chaque inspiration, imaginez que vous aspirez la lumière et que votre corps se remplit de lumière à chaque expiration. Après votre troisième inspiration, respirez normalement, les yeux toujours fermés, en appréciant la sensation d'être remplie de lumière. Notez comment vous vous sentez émotionnellement et physiquement.
3. Permettez à la lumière de s'étendre au-delà de votre corps, dans votre aura. Lorsqu'elle passe dans l'aura, imaginez qu'elle scintille. Imaginez que les étincelles détachent et éliminent toute négativité ou énergie indésirable qui s'accroche à votre aura.
4. Lorsque vous sentez que vous avez terminé, inspirez profondément et expirez en conscience. Laissez la visualisation s'estomper, puis ouvrez les yeux.

Transformation

Parfois, on peut se sentir coincée dans une situation. Vous savez que vous alliez quelque part, mais en cours de route, vous avez déraillé ou vous vous êtes essoufflée. La transformation que vous recherchez semble bloquée. Dans de tels cas, les grands gestes peuvent davantage vous déstabiliser que vous aider. Faites plutôt preuve de patience et de clairvoyance pour vous permettre de vous recentrer, et ouvrez-vous au changement pour faciliter la transformation.

Vous avez besoin de :

- Bougie blanche et bougeoir
- Allumettes ou briquet
- Cristal de roche

Comment procéder :

1. Purifiez les matériaux selon la ou les méthodes que vous préférez (voir chapitre 1).
2. Centrez-vous et ancrez-vous. Allumez la bougie blanche et prenez le cristal dans vos mains. Fermez les yeux et respirez régulièrement en amenant votre corps et votre esprit à un sentiment d'équilibre.
3. Lorsque vous êtes prête, amenez le cristal jusqu'à votre front.
4. Dites : « *J'appelle la lumière pour m'aider à voir clair. Que je sois ouverte au changement qui s'opère dans ma vie ; que j'aie la patience de lui accorder le temps dont il a besoin pour se développer, s'organiser, se déployer et croître dans ma vie en toute sécurité. Puisse ce changement être pour le mieux et m'être bénéfique, ainsi qu'à ceux qui me sont chers. Qu'il en soit ainsi.* »

Exercice : Cinq choses qui vous stressent

Aussi difficile que cela puisse être, il faut parfois prendre le temps de réfléchir aux choses qui déclenchent l'anxiété. Il est utile de savoir ce qui vous déséquilibre ou ce qui obscurcit votre processus de réflexion parce que la situation fait monter votre niveau de stress. Prenez le temps de penser aux choses qui vous stressent, puis dressez cette liste dans un endroit sûr et dans un état d'esprit calme.

Vous avez besoin de :

- Bougie réservée à l'écriture dans un bougeoir (voir chapitre 1)
- Encens réservé à l'écriture (voir chapitre 1)
- Journal
- Stylo ou crayon

Comment procéder :

1. Centrez-vous et ancrez-vous.
2. Allumez la bougie et l'encens. Ouvrez votre journal à une nouvelle page et marquez la date et le sujet.
3. Prenez quelques instants pour vous installer confortablement. Fermez les yeux et respirez profondément.
4. Dans cet endroit sûr, réfléchissez honnêtement aux situations qui génèrent du stress en vous. Notez-les au fur et à mesure qu'elles vous viennent, puis passez au crible chaque point précis à la fin de l'exercice.
5. Ne vous cherchez pas d'excuses et ne vous jugez pas pendant que vous écrivez. Pour que cet exercice soit utile, vous devez être aussi honnête que possible.
6. Ne vous inquiétez pas si vous ne parvenez pas à être très précise sur vos facteurs de stress. L'esprit passe beaucoup de temps à éviter de penser au danger et aux choses qui peuvent déclencher

du stress, car le simple fait de penser à ce qui le provoque peut susciter une réponse similaire à celle déclenchée dans une situation réelle. Faites de votre mieux pendant cette séance d'écriture.

7. Si, à un moment ou à un autre, vous ressentez une réaction de stress qui dépasse ce que vous pensez pouvoir gérer, autorisez-vous à mettre fin à la session d'écriture. Reprenez-la un jour ou deux plus tard. Ne l'évitez pas trop longtemps ; le but de cet exercice est de reconnaître et d'isoler les situations qui vous stressent afin de les éviter ou d'apprendre à mieux les gérer.
8. Pour terminer la séance, refermez votre journal. Fermez les yeux et respirez profondément pendant quelques instants, puis ouvrez les yeux et éteignez la bougie et l'encens. Vous pouvez également les laisser s'éteindre d'eux-mêmes.

Aide à l'organisation et à la planification

Décomposer les tâches les plus importantes en tâches plus faciles à gérer est souvent source d'angoisse. Voici une liste de suggestions :

- Regardez la date d'échéance d'une tâche et dressez la liste de tous les éléments du projet qui doivent être traités avant cette date.
- Attribuez des dates d'échéance aux petits éléments du projet. Commencez par ceux dont dépendront les parties suivantes.
- Prévoyez une marge de temps dans votre calendrier pour tenir compte des imprévus et des urgences.
- Ne procrastinez pas. Ne laissez pas tout le travail reposer sur les épaules du futur vous. Il s'agit d'un abus envers votre énergie personnelle et d'un manque de respect envers votre futur vous.
- Utilisez des alarmes, des rappels, de jolies notes autocollantes, un calendrier avec des marqueurs de différentes couleurs pour noter les étapes de votre processus ; tout ce qui peut vous aider à garder un œil sur ce qui doit être fait et quand.
- Certains outils magiques permettent de réduire le stress de la planification et de l'organisation, notamment la fabrication d'un sachet magique ou d'un talisman.

Sachet magique pour la planification et l'organisation

Fabriquez un petit sac ou un flacon magique pour vous aider dans votre organisation. Le jaspe brun vous aidera à maintenir l'énergie à long terme, la menthe à vous concentrer et les huiles d'ylang-ylang et de bergamote à rester calme et attentive.

Vous avez besoin de :

- Petit bol pour mélanger
- 1 cuillère à café de menthe séchée
- 3 gouttes d'huile essentielle d'ylang-ylang
- 2 gouttes d'huile essentielle de bergamote
- Jaspe brun
- Sachet, flacon ou bocal

Comment procéder :

1. Commencez par nettoyer ou purifier votre matériel selon votre méthode préférée (voir chapitre 1).
2. Centrez-vous et ancrez-vous.
3. Déposez la menthe dans le bol, et dites : « *Menthe, apporte-moi ta concentration pour que je puisse garder l'esprit éveillé à mes tâches.* »
4. Ajoutez les gouttes d'huile essentielle d'ylang-ylang, et dites : « *Ylang-ylang, apporte-moi ta paix et ta sérénité pour que je reste calme face à mon emploi du temps.* »
5. Ajoutez les gouttes d'huile essentielle de bergamote, et dites : « *Bergamote, apporte-moi la clarté et la confiance.* »
6. Prenez le jaspe brun, et dites : « *Je fais appel à tes énergies de gestion et d'organisation. Apporte-moi la capacité à long terme de programmer, planifier et gérer mon temps.* » Déposez-le dans le bol.
7. Mélangez avec vos doigts, et dites : « *Je suis calme, je suis concentrée, je gère mon temps avec confiance. Qu'il en soit ainsi !* »
8. Versez le mélange dans le sachet ou le bocal et refermez-le. Accrochez-le ou placez-le à côté de votre calendrier, ou laissez-le près de votre agenda ou de votre journal.

Conseil :

- Si vous créez une version miniature du sachet ou du flacon, il pourrait être assez petit pour être attaché à votre agenda ou votre journal et faire office de talisman ou de charme.

Restez concentrée sur vos objectifs

Si vous souffrez d'une maladie chronique ou si vous vous sentez dépassée, commencez par travailler sur trois ou quatre de vos succès en matière de self-care. La reconnaissance d'un succès vous donnera le sentiment d'avoir accompli quelque chose qui vous réjouira.

Au lieu d'écrire sur du papier libre, utilisez votre journal ou créez un petit carnet réservé au suivi de vos objectifs.

Vous avez besoin de :

- Papier ou carnet de notes
- Stylo

Comment procéder :

1. Tracez un tableau avec une ligne pour chaque jour du mois et quatre colonnes. Intitulez la première colonne « Heures de sommeil », la deuxième « Alimentation », la troisième « Exercice » et la quatrième « Quelque chose que j'ai fait pour moi ». Il couvrira ainsi les éléments de base du self-care : un sommeil réparateur, une alimentation saine et de l'exercice physique, ainsi qu'un acte dédié au bien-être qui n'appartient pas à l'une des colonnes précédentes.
2. Inscrivez vos heures de sommeil dès votre réveil. À la fin de chaque journée, repensez-y et cochez les trois autres colonnes, ou cochez-les au fur et à mesure que vous les accomplissez pendant la journée.
3. La colonne « Exercice » peut inclure une marche jusqu'à l'arrêt de bus ou une marche rapide de cinq minutes à l'heure du déjeuner, se rappeler de s'étirer régulièrement au travail, passer l'aspirateur, tondre la pelouse ; tout ce qui vous fait bouger.
4. Au fil du temps, vous serez en mesure de distinguer vos habitudes en matière de sommeil, d'activité et d'alimentation. Cela vous permettra de vous féliciter de vos succès et de cibler les points faibles sur lesquels vous devez vous concentrer pour améliorer votre hygiène de vie.

Ralentir

Se faire plaisir est une façon agréable de prendre soin de soi. Quand on pense « petit plaisir », on s'imagine un repas, une boisson ou une sorte de « thérapie par le shopping ». Il peut aussi s'agir de se réfugier dans un roman avec une tasse de thé ou de s'asseoir au soleil avec un chat sur les genoux.

Ne cherchez pas à combiner vos plaisirs, à moins que cela fasse partie du concept (un café raffiné tout en lisant un bon livre, par exemple). Si vous surchargez votre temps de plaisir, vous ne profiterez pas pleinement de chacun d'eux et les bénéfices risquent de s'avérer superficiels.

Quand il est question de se faire plaisir, mieux vaut garder quelques précautions à l'esprit. Si votre petit plaisir reste banal, ce ne sera pas vraiment un succès. Essayez d'en faire quelque chose de spécial, que vous ne faites qu'une fois de temps en temps. Ou bien, prévoyez régulièrement un petit plaisir comme un « temps pour soi » et respectez-le de manière permanente. Choisissez quelque chose que vous ne feriez pas d'habitude ou que vous faites rarement. Ou peut-être est-ce quelque chose que vous faites déjà, mais que vous voulez faire d'une manière différente. (Même aller à l'épicerie à une heure différente, seule, pourrait être considéré comme un plaisir si faire les courses avec les enfants aux heures de pointe est votre mode de fonctionnement habituel. Rappelez-vous que tout dépend de votre contexte de vie).

Ce qui est important avec les petits plaisirs, c'est qu'ils doivent être vécus en état de pleine conscience. À quoi bon programmer un moment particulier si vous n'y prêtez pas attention ?

Plaisir de l'esprit en pleine conscience

Comment procéder :

1. Avant de commencer, fermez les yeux et prenez le temps de vivre l'instant présent. Laissez s'évanouir tout ce qui vous tracasse ; il n'y a que vous et ce que vous avez choisi comme plaisir. Dans votre esprit, dites : « *Ce moment est à moi ; ainsi soit-il.* »
2. Prenez le temps d'apprécier véritablement toutes les dimensions de votre plaisir. Observez les gens, remarquez les parfums de l'endroit où vous vous trouvez, goûtez les choses avec attention, appréciez les sensations que procure le fait de tourner les pages ou de découvrir l'histoire de votre livre.
3. Si vous ne parvenez pas à vous installer pleinement dans votre moment de détente, ne le forcez pas. Et ne vous laissez pas irriter par le fait que ce moment n'est pas aussi spécial que vous le souhaiteriez. Tous les moments que vous passez à prendre soin de vous ne seront pas forcément merveilleux, mais ce sera du temps passé à faire ce que vous avez choisi de faire, et c'est important.

Conseil :

- Naturellement, la pleine conscience sera différente si vous vous trouvez entourée d'une foule ou avec un groupe d'amis. Adaptez vos attentes et profitez du moment !

Clarifier votre énergie

L'hygiène est un aspect important de l'entretien physique de soi. Se laver le visage, prendre une douche ou un bain, se brosser les cheveux... tout cela sert à rester propre et en bonne santé. Le même type d'attention doit être accordé à votre énergie personnelle. Votre aura, ou champ d'énergie, accumule toutes sortes d'éléments indésirables et d'énergies troubles alors veillez à votre bien-être.

Se débarrasser des résidus énergétiques

C'est toujours le bon moment pour libérer l'énergie négative qui s'est accumulée autour de votre aura. Débarrassez-vous des débris énergétiques stagnants grâce à cette visualisation !

Note : Le bannissement est généralement associé à un mouvement dans le sens inverse des aiguilles d'une montre. Essayez d'abord cette visualisation avec le vent qui circule autour de vous dans ce sens. Si cela vous paraît étrange, essayez plutôt avec le vent tournant autour de vous dans le sens des aiguilles d'une montre. Ou essayez les deux et notez les différences, puis choisissez la direction qui correspond le mieux aux résultats escomptés.

Comment procéder :

1. Ancrez-vous et centrez-vous.
2. Imaginez un vent chaud. Entendez-le, sentez-le agiter vos cheveux, vos vêtements. Laissez-le s'intensifier jusqu'à ce qu'il joue autour de vous dans un doux mouvement cyclonique. Imaginez qu'il polit les points ternes et sombres de votre aura, qu'il élimine toute énergie négative qui s'y est accumulée. Laissez le vent tourner autour de votre aura jusqu'à ce que vous sentiez que l'énergie est propre.

Recevoir l'amour

C'est peut-être évident mais, souvent, nos schémas de pensée, notre culpabilité inconsciente ou nos croyances envers nous-même éloignent l'amour. Ce sortilège vous permettra d'affirmer que vous êtes ouverte à recevoir l'amour et à vous sentir bien.

S'ouvrir à recevoir l'amour

Vous devrez peut-être lancer ce sort régulièrement pour réaffirmer que vous êtes prête à recevoir l'amour des autres et de vous-même.

Vous avez besoin de :

- Allumettes ou un briquet
- Encens à la rose ou au jasmin et encensoir
- 6 bougies roses et bougeoirs (des bougies chauffe-plats ou des bougies d'anniversaire conviendront)
- Quartz rose
- Stylo ou feutre

Comment procéder :

1. Centrez-vous et ancrez-vous.
2. Allumez l'encens.
3. Posez une bougie au centre de votre espace de travail. Placez-en une de chaque côté et légèrement derrière elle. Disposez les deux suivantes légèrement devant et de chaque côté de la première bougie (un peu plus près que les deux précédentes). Placez la dernière bougie devant la première bougie, plus près de vous que les deux précédentes. Les bougies formeront approximativement un cœur.
4. Prenez le quartz rose entre vos mains, et dites : « *Je suis réceptive à l'amour et aux soins. J'accueille l'amour.* »

5. Placez le quartz rose au centre du cœur. Tandis que vous allumez les bougies, dites pour chacune d'elles : « *Je suis ouverte à l'amour. Je mérite l'amour. Je suis aimée.* »
6. Restez là un moment, en sentant l'amour vous entourer et en ressentant de l'amour pour l'Univers. Vous pouvez laisser les bougies s'éteindre avant de conclure (c'est plus facile avec les bougies d'anniversaire ; les bougies chauffe-plats brûlent pendant 4 à 6 heures), ou éteindre les bougies et l'encens et les garder pour la prochaine fois que vous accomplirez ce sort (une fois qu'ils sont refroidis, glissez-les dans un sac et étiquetez-les). Emportez le quartz rose avec vous.

Pochette à trésors

Certains des sorts présentés dans ce livre nécessitent de garder avec vous des pierres, de petites pochettes, des écrits, etc. Il peut s'avérer un peu compliqué de conserver toutes ces choses au fond de votre sac à main ou de votre sac à dos. Pourquoi ne pas fabriquer un sac à trésors, une pochette qui servirait de contenant pour tous vos charmes et talismans magiques ?

Créer une pochette à trésors

Vous pouvez utiliser n'importe quel type de tissu pour cette pochette à trésors, mais évitez les tissus trop légers comme la mousseline ou la gaze. Ces explications correspondent à une pochette d'environ 10 × 18 cm, mais vous pouvez adapter les dimensions.

Vous avez besoin de :

- 2 rectangles de tissu d'environ 20 × 25 cm
- Épingles à coudre
- Ciseaux
- Aiguille à coudre et fil
- Fer et planche à repasser
- Ruban de 20 cm de long et de 0,5 cm de large

Comment procéder :

1. Placez les deux rectangles de tissu endroit contre endroit, en alignant les bords. Épinglez les tissus ensemble le long des deux côtés les plus longs. Coupez l'une des extrémités courtes des rectangles en pointe peu profonde d'environ 3 centimètres ; ce sera le rabat de la poche. Épinglez également les bords de ce rabat.
2. Cousez les deux côtés longs et la pointe en les fermant avec un point courant, en cousant 0,5 cm de plus de chaque côté.
3. Retournez la poche sur l'envers.
4. Repassez les coutures. Repliez environ 1 cm de l'extrémité ouverte vers l'intérieur et repassez. Épinglez l'ouverture. Cousez l'extrémité ouverte à l'aide d'un point courant.
5. Repliez le bas sur le haut, en alignant les coins juste en dessous de l'endroit où commence l'angle du rabat. Épinglez et cousez les côtés.
6. Coupez le ruban en deux morceaux égaux. Sur l'intérieur de la pointe, cousez une extrémité d'un morceau de ruban. Rabattez et notez l'endroit où la pointe repose sur l'avant de la pochette. Cousez l'extrémité du deuxième morceau de ruban environ 2 cm plus bas.
7. Glissez vos objets magiques à l'intérieur. Fermez-la avec les rubans.

Conseils :

- Si vous avez une machine à coudre, n'hésitez pas à l'utiliser.

- Vous pouvez employer de la peinture pour tissu pour décorer votre pochette, ou ajouter des patchs thermocollants ou cousus, ou encore y coudre de jolis boutons. Un bouton décoratif sur la pointe du rabat couvrira les points de couture qui ressortent du ruban.
- Vous pouvez également y dessiner des symboles magiques pour renforcer la santé, la protection ou d'autres domaines.

Accepter l'échec

Accepter l'échec est incroyablement difficile. Cela signifie que vous devez admettre que le succès n'est pas garanti et que vous pouvez échouer même si vous faites tout ce qu'il faut.

Mais être prête à échouer signifie que vous serez capable de prendre des risques qui pourraient fournir des résultats étonnants et il est important de comprendre qu'une erreur n'est pas un échec. C'est la preuve que vous essayez et, chaque fois que vous essayez, vous en apprenez un peu plus sur ce que vous espérez accomplir. En prime, vous en apprenez un peu plus sur vous. Tout est expérience. Ce n'est pas forcément une expérience agréable, mais elle est toujours précieuse.

Sortilège pour se sentir prête à risquer l'échec

La peur de l'échec vous paralyse? La réticence à prendre des décisions ou à franchir des étapes peut souvent être attribuée à la peur d'échouer d'une manière ou d'une autre. Pour réussir, cependant, vous devez accepter le risque de l'échec, ainsi que le risque du succès.

Parfois, il arrive que ce soit une perspective effrayante. Pour vous aider à mieux accepter le risque de l'échec, essayez ce sort.

Vous avez besoin de :

- Petit bol
- Œil-de-tigre
- Pincée de sauge moulue
- Pincée de cannelle moulue
- Pincée de pétales de rose séchés
- 1 goutte d'huile essentielle de bergamote
- 1 goutte d'huile essentielle de pin
- 1 goutte d'huile essentielle de néroli

Comment procéder :

1. Purifiez votre matériel selon votre méthode préférée (chapitre 1).
2. Centrez-vous et ancrez-vous.
3. Placez le bol au centre de votre espace de travail.
4. Déposez l'œil-de-tigre dans le bol, et dites : « *Œil-de-tigre, apporte-moi confiance et force.* »
5. Jetez une pincée de sauge dans le bol en disant : « *Sauge, partage avec moi ta sagesse.* »
6. Jetez une pincée de cannelle dans le bol, et dites : « *Cannelle, prête-moi la croissance spirituelle.* »
7. Jetez une pincée de rose séchée dans le bol, et dites : « *Rose, renforce mon acceptation envers moi-même.* »
8. Ajoutez la goutte d'huile de bergamote, et dites : « *Bergamote, apporte-moi la clarté d'esprit.* »
9. Ajoutez la goutte d'huile de pin, et dites : « *Pin, augmente ma force intérieure.* »
10. Ajoutez la goutte de néroli, et dites : « *Néroli, renforce mon calme intérieur.* »
11. Mélangez avec un doigt. Placez vos mains au-dessus du mélange, en visualisant l'énergie qui remonte de la Terre, traverse votre cœur et descend jusqu'à vos mains. Imaginez que le mélange brille d'une lumière blanche.

12. Dites :

    Je suis sûre de moi ; j'ai la confiance nécessaire pour risquer l'échec.
    J'ai la chance d'être optimiste et j'apprécie mes capacités.
    L'échec n'est pas le reflet de ma valeur en tant que personne.
    Si cela ne doit pas être le cas à ce moment précis, j'acquiers une connaissance précieuse et je gagne en force et en sagesse.

13. Prenez l'œil-de-tigre et portez-le sur vous. Dispersez le reste du mélange à l'extérieur.

Chercher l'équilibre

Si vous vous sentez bousculée par le changement ou l'incertitude, ce sortilège pour renforcer votre équilibre vous aidera, tant pour l'équilibre émotionnel que pour l'équilibre général de votre vie.

L'agate blue lace est associée aux énergies liées au calme, à l'équilibre et au sang-froid, tandis que la rhodochrosite représente le confort, l'équilibre et la stabilité.

Sortilège pour retrouver l'équilibre

Le moyen le plus rapide et le plus facile d'accéder à une méthode de rééquilibrage consiste à se recentrer, à s'ancrer et à diriger l'énergie excédentaire en direction de la terre, ou à y puiser ce dont vous avez besoin pour remplacer l'énergie manquant dans votre corps. Ce sort est une approche différente.

Vous avez besoin de :

- Bougie bleue ou lavande et bougeoir
- Allumettes ou briquet
- Agate blue lace
- Rhodochrosite

Comment procéder :

1. Purifiez les pierres selon votre méthode préférée (voir chapitre 1).
2. Centrez-vous et ancrez-vous.
3. Allumez la bougie.
4. Prenez une pierre dans chaque main. Fermez les yeux et sentez leur poids dans vos paumes. Balancez-vous d'avant en arrière en levant une main et en baissant l'autre. Au début, le mouvement doit être très léger. Tandis que vous vous balancez, dites :

   Flux, reflux,
   Reflux, flux.
   Apportez-moi l'équilibre,
   Montrez-moi la stabilité.
5. Au fur et à mesure, élargissez vos mouvements en sollicitant votre corps. Continuez à chanter jusqu'à ce que vous sentiez votre énergie culminer.
6. Concentrez-vous sur les pierres et ralentissez progressivement vos mouvements jusqu'à ce que vous soyez immobile, les yeux fermés, une pierre dans chaque main en coupe. Ressentez la sensation de flottement et de légèreté maintenant en vous. Murmurez le chant une dernière fois, puis ouvrez les yeux.
7. Laissez la bougie s'éteindre. Conservez les pierres et réutilisez-les chaque fois que vous en aurez besoin.

Accepter vos limites

Que vous le vouliez ou non, vous ne pouvez pas tout faire. Ce sort vous aidera à accepter que vous avez des limites, que vous ne pouvez pas tout assumer. Les limites existent pour nous aider à rester en bonne santé et les établir, puis les défendre, demeure une partie importante du self-care. Non seulement vous devez les défendre contre les autres, mais vous devez parfois les défendre contre vous-même. Il est très facile de penser : « *Oh, je vais juste faire ça* », et de vous retrouver face à une centaine de petites occasions de faire « juste ça » jusqu'à vous demander pourquoi vous avez l'impression de vous épuiser.

L'obsidienne, excellente pour repousser la négativité, vous aidera dans ce sort à entrer en contact avec votre ombre. Si vous sabotez inconsciemment vos propres limites, l'utilisation de l'obsidienne pourrait vous aider à le reconnaître.

Sortilège pour aider à accepter les limites

Parfois, on est censé s'arrêter et comprendre que se surpasser est une mauvaise idée. Ce sort vous aidera à accepter vos limites.

Vous avez besoin de :

- Photo ou objet vous représentant
- Bougie blanche et bougeoir
- Allumettes ou briquet
- 4 obsidiennes
- 4 hématites
- 1 labradorite
- Sel

Comment procéder :

1. Purifiez votre matériel selon votre méthode préférée (chapitre 1).
2. Centrez-vous et ancrez-vous.
3. Déposez votre photo au centre de votre espace de travail. Placez la bougie à quelques centimètres derrière elle.
4. Allumez la bougie, et dites : « *J'illumine mes limites et je les distingue clairement.* »

5. Placez les obsidiennes autour de la photo sur un carré, une à chaque coin. Les obsidiennes des coins supérieurs doivent se trouver entre la photo et la bougie. Dites : « *Mes limites me défendent.* »
6. Placez également les hématites autour de la photo, entre chaque obsidienne. Si votre photo était un cadran d'horloge, les hématites seraient à 12 heures, 3 heures, 6 heures et 9 heures. Dites : « *Mes limites me protègent.* »
7. Placez la labradorite sur ou à côté de votre photo ou de votre objet, et dites : « *Mes limites sont puissantes.* »
8. Dispersez le sel en cercle autour de la bougie, de la photo et des pierres. Asseyez-vous devant le cercle en répétant : « *Mes limites me défendent ; mes limites me protègent ; mes limites sont puissantes.* »
9. Lorsque vous sentez que vous avez terminé, éteignez la bougie. Vous pouvez choisir de purifier les pierres et de les remettre dans votre matériel, ou de les conserver avec votre photo dans un endroit sûr. Préférez cette dernière option si vous pensez qu'il vous serait bénéfique de répéter ce sort régulièrement.

Combattre la dépression

Lorsque vous êtes déprimée, vous motiver à faire des choses peut en fait s'avérer contre-productif. Si vous vous étiez fait une entorse à la cheville en courant, vous n'essayeriez pas de continuer à courir, n'est-ce pas ? Vous prendriez d'abord le temps de guérir, puis vous feriez des séances de kinésithérapie pour la renforcer, et vous réintroduiriez l'activité petit à petit. Une entorse à la cheville n'est pas un échec, c'est un contretemps temporaire.

Pensez de la même façon à la dépression. Un épisode dépressif (ou une dépression non chronique associée au stress) est signe que vous avez besoin de vous reposer et de guérir. La dépression n'est pas un signe d'échec, dans aucun sens du terme. Elle affecte le déroulement de votre vie, et vous devez vous en accommoder jusqu'à votre guérison.

Il est également important de vous rappeler que le progrès, dans n'importe quelle domaine de votre vie, ne se mesure pas toujours en se rapprochant d'un objectif. Parfois, il est préférable de faire une pause pour pouvoir prendre soin de soi, ou pour entreprendre une quête secondaire afin de se préparer à mieux réussir sur le chemin principal. Accepter qu'une pause puisse être nécessaire pour prendre soin de soi afin d'investir dans une réussite ultérieure est un aspect important du self-care, magique ou non, ce qui demeure particulièrement important si vous luttez contre la dépression.

Si vous pensez souffrir d'une dépression clinique, ne la minimisez pas ; parlez-en à un professionnel de santé. La dépression est un signe de votre corps et de votre esprit indiquant qu'ils ont besoin d'aide.

Sortilège pour accepter la dépression

Accepter ne veut pas dire accepter définitivement. Cela signifie comprendre que la dépression est un signe qu'il faut s'occuper de soi, être plus tendre. Il s'agit d'une étape essentielle pour faire face à la dépression et, espérons-le, la dépasser. Si vous savez que vous êtes déprimée ou que l'on vous a diagnostiqué une dépression, utilisez ce sortilège pour l'accepter et vous rappeler que vous êtes digne d'être aimée.

Vous avez besoin de :

- Bougie blanche ou dorée et bougeoir
- Allumettes ou briquet
- Rose blanche
- Vase avec de l'eau
- Quartz rose

Comment procéder :

1. Purifiez votre matériel selon votre méthode préférée (chapitre 1).
2. Centrez-vous et ancrez-vous.
3. Allumez la bougie, et dites : « *La lumière de ma lumière brille dans l'obscurité, toujours.* »
4. Ramassez la rose et portez-la à votre joue. Fermez les yeux et respirez son parfum. Sentez la délicatesse de ses pétales.
5. Dites :

   Délicat ne veut pas dire faible. Je suis digne d'amour
   et d'attention, tant de ma part que de la part des autres.
   Je suis fragile, mais pas brisée.
   Je reconnais que mes limites ont été redessinées,
   et j'accepte devoir guérir.

6. Placez la rose dans le vase et posez-le à côté de la bougie.
7. Prenez le quartz rose et passez-le doucement contre les pétales de la rose blanche. Amenez-le ensuite sur votre front et passez-le

doucement contre votre peau. Descendez-le sur votre poitrine et maintenez-le contre votre cœur.

8. Dites :

   Blessée, pas morte ; faible, pas brisée.
   Avec de l'amour et des soins, je guérirai et serai plus forte qu'avant.
   Mon avenir est rempli d'amour et de lumière.

9. Placez le quartz rose à la base de la bougie, à côté du vase. Laissez la bougie s'éteindre. Portez ensuite le quartz rose sur vous.

Conseil :

- Lorsque la rose commence à faner, retirez délicatement les pétales et fabriquez des perles de rose magiques (voir chapitre 4).

Les avantages à la déconnexion

Si se rapprocher de ses amis peut représenter une forme de soutien, il arrive que le flot d'informations et le fait de suivre l'actualité de chacun vous fatiguent. Parfois, la chose la plus simple et la plus intelligente à faire si vous vous sentez dépassée, c'est de débrancher. Faites une pause avec le téléphone, les informations, les réseaux sociaux et l'électronique en général. Explorez une forme de relaxation plus lente.

Si vous prévoyez de faire une pause avec le téléphone ou vos réseaux sociaux, veillez à prévenir vos amis pour qu'ils ne s'inquiètent pas.

Débrancher vous aidera à vous recentrer sur vous-même au lieu d'être tiraillée dans un million de directions. Ces dernières sont peut-être toutes importantes, mais vous l'êtes tout autant. Vous déconnecter vous permet de vous concentrer sur le moment présent, ici et maintenant.

Cela vous aidera à vous éloigner des montagnes russes émotionnelles dues à l'histoire d'un ami, un article de presse ou à l'indignation suscitée par des événements mondiaux. Vous déconnecter vous offrira la possibilité de vous rappeler que vous êtes au cœur de votre vie. Voici quelques idées que vous pouvez tester une fois que le bruit des nouvelles et des réseaux sociaux aura cessé :

- Écoutez de la musique. Prenez le temps d'écouter réellement la profondeur et la richesse de votre musique préférée. Vous remarquerez peut-être des choses que vous n'aviez jamais perçues auparavant.
- Lisez pour le plaisir. Un livre ou un magazine est idéal. Ne laissez pas un « *Je vais juste faire ça entre temps* » gâcher votre temps d'activité consciente.
- Travaillez avec vos mains. Dessinez, peignez, jardinez, cuisinez, bricolez. Vous pouvez vous inspirer des activités proposées au chapitre 4 pour explorer la créativite, ou tester certaines des recettes du chapitre 3.

Aussi passionnée que vous soyez par les causes que vous soutenez et que vous défendez, essayer de rester au fait de l'actualité peut vous épuiser. Parfois, il est préférable de prendre du recul et de soigner son stress afin d'être en pleine forme pour reprendre le combat.

Mais tout le monde n'a pas le privilège de prendre du recul, me direz-vous. « *Comment pourrais-je sortir du ring alors que des gens meurent de faim ou sont opprimés ?* », vous demandez-vous. Comparer votre état personnel à celui des autres reste une recette pour éviter de prendre soin de soi. Quelqu'un sera toujours moins bien loti. Cela ne signifie pas que vous devez éviter de prendre soin de vous.

Vivez pour combattre un autre jour. Prenez le temps de vous ressourcer et de vous retrouver, et vous pourrez de nouveau donner le meilleur de vous-même pour soutenir votre cause.

Fixer des limites

Les limites sont un élément important du self-care, car elles aident à rester équilibrée et entière. Elles vous protègent d'un afflux d'énergie et de personnes qui réclament votre temps. Si vous avez du mal à dire non à certaines personnes, vos limites ont peut-être besoin d'être renforcées.

En magie, nous considérons qu'un bouclier personnel est une forme de frontière énergétique. Il existe cependant d'autres types de limites qui sont importantes pour prendre soin de soi. Nous avons tous des limites innées qui sont là pour nous aider à défendre notre santé physique, mentale et émotionnelle.

Nombreux sont ceux qui pratiquent la magie, sorcier·ère·s ou païen·ne·s, ou qui travaillent avec les énergies naturelles, qui s'identifient également en tant que guérisseur·se·s. Lorsque vous travaillez en tant que guérisseur, vous devez faire très attention à fixer des limites fermes, sinon vous risquez de vous perdre dans la douleur des autres. Être là pour quelqu'un et le soutenir peut vous épuiser au point de ne plus pouvoir vous concentrer correctement sur votre propre vie.

Aider ses amis à traverser des moments difficiles est une chose merveilleuse et pleine d'amour, mais vous ne pouvez le faire avec succès que si vous êtes dans une position adéquate, mentalement, mais pas seulement. Parfois, le soutien que vous apportez à d'autres personnes atteint un point préjudiciable à votre propre santé émotionnelle, spirituelle ou physique. Lorsque vous vous épuisez, vous avez également besoin d'aide.

Il est extrêmement difficile de dire à quelqu'un que vous avez besoin d'une pause et de fixer des limites. Soyez honnête et communiquez clairement ; expliquez votre situation et vos sentiments. Ne vous sentez pas coupable d'avoir besoin d'espace. Utilisez autant que possible ces déclarations et conseils pour communiquer votre besoin de fixer des limites et pour conserver votre temps et votre énergie :

- « *Je t'aime. Je prends soin de toi. Pour pouvoir continuer à t'aider, j'ai besoin d'espace pour me soigner.* »
- « *J'ai peur que dans mon état actuel, je ne puisse pas te soutenir comme je le voudrais. J'ai peur de dire les mauvaises choses, de mal te guider ou de te faire plus de mal que de bien.* »
- « *Il se passe beaucoup de choses dans ma vie et je n'arrive pas à m'y retrouver.* »
- Suggérez des plages horaires. Rappelez-leur que vous vous souciez d'eux et que c'est la raison pour laquelle vous faites en sorte d'être accessible à des moments précis.
- Suggérez-leur de parler de leurs autres centres d'intérêt, et pas seulement des choses difficiles.

Considérer votre enfant intérieur

Vous connaissez peut-être le terme *enfant intérieur*, qui décrit l'aspect enfantin d'un individu, une partie semi-autonome de votre caractère subordonnée à l'esprit conscient éveillé. Carl Jung évoque l'archétype de l'enfant, un lien avec le moi passé d'une personne, les expériences de l'enfance et les émotions, une partie du fondement du moi développé par l'adulte. La psychologie populaire associe le potentiel, la créativité et l'expression à l'enfant intérieur.

En tant qu'adultes, nous sommes parfois attirés par des jouets ou des choses distrayantes dont nous n'avons pas besoin d'un point de vue pratique, mais que nous voulons quand même. Nous nous interdisons souvent de nous adonner à ce genre d'amusement, parce que l'argent impose d'autres priorités, ou parce que nous sommes adultes et que nous n'avons pas besoin de ce genre de choses. Et pourtant... nous le souhaitons quand même.

Nous sommes souvent très durs avec nous-mêmes en usant d'un discours négatif ou en nous fixant des normes que nous n'appliquerions pas à nos amis ou à nos enfants. Si vous vous surprenez à tenir un discours négatif sur vous-même (je suis tellement stupide, je n'y arriverai jamais), faites une pause et demandez-vous si vous diriez cela à un enfant ou si vous laisseriez un enfant le dire sans lui fournir un soutien émotionnel. Prendre soin de soi se joue au quotidien. Si vous pensez aux besoins d'un enfant, cela vous donnera peut-être une perception différente du type d'attention que vous devriez vous porter.

Bon nombre de petites choses font le bonheur d'un enfant : une sortie surprise pour une crème glacée sans raison particulière, un nouveau paquet de feutres, des autocollants brillants, une promenade sous la pluie et la chute de feuilles dans le ruissellement de l'eau. Ces activités ne correspondent peut-être pas aux désirs ou aux besoins de votre enfant intérieur, mais donnez-vous la possibilité de réfléchir à ce qui pourrait lui plaire. Et n'oubliez pas de toujours éduquer votre enfant intérieur avec amour et respect.

Objets de confort

Aviez-vous un animal en peluche ou une couverture bien-aimée lorsque vous étiez enfant ? Les objets de réconfort de ce type vous aident à passer de situations connues à des situations inconnues en vous procurant un sentiment de continuité et de prise en charge.

À l'âge adulte, nous nous privons parfois intentionnellement de confort dans une étrange tentative de prouver que nous n'en avons pas besoin. L'utilisation d'objets de réconfort liés à l'enfance peut être un signe d'affection pour votre enfant intérieur.

En tant qu'adulte, il n'y a rien de mal à posséder un objet spécial comme une poupée ou un animal en peluche qui vous rend heureuse ou vous réconforte. N'exagérez pas non plus : avez-vous vraiment besoin de tout cet espace pour une collection de figurines ? Essayez de placer votre objet là où vous pouvez le câliner pendant vos pauses ou dans un endroit où vous le verrez souvent pour qu'il vous invite à sourire.

Bien-être et travail

Le travail est un espace difficile. Vous devez composer avec l'énergie de nombreuses personnes différentes et travailler selon un horaire qui n'est peut-être pas en adéquation avec votre rythme personnel. La culture de votre lieu de travail peut également justifier les heures supplémentaires, le fait de sauter le déjeuner et les délais quasi impossibles à respecter, en raison d'une mauvaise planification ou de projets trop ambitieux et d'un nombre insuffisant de membres de l'équipe pour soutenir le travail requis. Mais il existe des moyens de s'en sortir !

Revoyez l'exercice Créer un cercle au chapitre 1. Utilisez cet exercice comme un bouclier personnel pour aider à maintenir l'énergie négative à distance.

La visualisation positive et les affirmations sont des techniques efficaces pour vous aider à intégrer le self-care dans votre journée de travail. Essayez d'intégrer des sessions et des pauses chronométrées dans votre journée. Réglez des alarmes sur votre téléphone pour faire des pauses régulières afin de vous étirer et de reposer vos yeux.

Essayez de créer un tableau de visualisation spécifique au travail, en vous concentrant sur vos objectifs de self-care sur votre lieu de travail. Si vous n'osez pas l'afficher, créez-en un petit dans un cadre photo, et dites à ceux qui le regardent qu'il s'agit d'un tableau d'inspiration.

Créez une collection d'objets qui sont importants pour vous, qui vous inspirent calme et concentration lorsque vous les regardez. Choisissez un joli bol ou un bocal et placez-y des pierres, des figurines et des bibelots. Les pierres idéales à inclure sont le jaspe, pour la force, le cristal de roche, pour l'énergie, le quartz rose, pour l'amour de soi et l'énergie positive, l'améthyste, pour la protection et la sodalite, pour la sagesse.

Être dans l'instant présent

Pour prendre soin de soi, il faut profiter de l'instant présent et ne pas s'inquiéter du passé, de l'avenir ou de choses sur lesquelles on n'a aucun contrôle, comme l'opinion des autres. Voici une liste de rappels :

- Répartissez les tâches les plus importantes et déléguez.
- Fixez des priorités et laissez les autres tâches sans culpabilité.

- Communiquez aussi souvent et aussi clairement que possible lorsque vous voyez des problèmes se profiler. Il vaut mieux prévenir les gens que vous aurez un jour de retard que de vous surmener pour respecter le délai initial.
- Fixez des limites et respectez-les. Dites non lorsque quelqu'un vous demande de l'aide si vous n'avez pas le temps.
- Soyez organisée. Le désordre ne crée pas seulement une énergie chaotique, il rend plus difficile le suivi de vos priorités et du matériel dont vous avez besoin pour atteindre vos objectifs.
- Définissez des objectifs à court terme ou décomposez les plus importants en une série d'objectifs à court terme. Le plaisir que vous éprouvez à vous fixer de petits objectifs vous portera vers la tâche suivante. Célébrez aussi le fait de les avoir atteint.
- Rappelez-vous que les choses n'ont pas besoin d'être parfaites.
- N'oubliez pas de respirer profondément de temps à autre afin de faire le plein d'oxygène et de relâcher les tensions.

Mini rituel de déconnexion pour vous recentrer au travail

Être au travail peut compliquer le fait d'être centrée et de prendre du temps pour soi. Voici une activité rapide de cinq minutes qui vous aidera à vous déconnecter et à vous recentrer. Vous pouvez même la faire en allant aux toilettes ou l'essayer à un autre étage pour modifier votre perception des choses.

Comment procéder :

1. À l'heure du déjeuner ou pendant une pause, faites une petite promenade. Si vous travaillez dans un immeuble, descendez jusqu'au hall d'entrée ; petit bonus si vous empruntez l'escalier pour tout ou partie du trajet.
2. Pendant que vous marchez, remarquez votre respiration ; observez votre inspiration et votre expiration sans jugement.
3. Regardez les choses qui vous entourent : les couleurs, les textures, la qualité de la lumière.
4. Revenez à votre espace de travail. Asseyez-vous et fermez les yeux. Respirez profondément et lentement. Chaque fois que vous expirez, permettez-vous de relâcher toute tension dans votre corps.
5. Reprenez votre travail. Vous venez de modifier votre espace mental et physique pendant cinq minutes. Même cette brève pause mentale, associée à un mouvement physique et à une attention particulière, peut vous aider à réinitialiser votre esprit.

Conseil :

- Avez-vous l'habitude de travailler pendant le déjeuner et/ou de manger à votre bureau ? Vous pensez peut-être que vous êtes plus efficace en agissant ainsi, mais ce n'est pas forcément vrai. Le fait de ne pas donner à votre cerveau et à votre corps la possibilité d'aller dans un endroit différent peut en fait vous ralentir plus tard dans la journée. Parfois, l'adage « Un changement est aussi bon qu'un repos » a du sens ! S'éloigner de votre bureau vous permet de sortir de votre environnement habituel, ce qui peut vous aider à rafraîchir votre esprit. Manger dans un endroit différent vous permet d'apprécier davantage votre repas. Il est difficile de rester centrée tout en se concentrant sur un travail. Vous méritez de faire une pause et de vous éloigner de votre bureau.

Chapitre 3

Bien-être physique

La santé physique est un élément important du self-care. Respectez votre corps en le nourrissant, en le soignant et en le célébrant. Votre corps est le véhicule qui abrite votre esprit, et il mérite d'être honoré pour cela. Une relation saine avec votre corps renforcera et soutiendra vos efforts pour garder votre esprit et votre âme en bonne santé. L'estime de soi, l'amour de soi et le bien-être sont intimement liés, et le corps physique est souvent relégué au bas de la liste des priorités lorsqu'il s'agit de prendre soin de soi. Des sujets tels que l'alimentation, le vieillissement, le choix des vêtements, le repos et l'exercice peuvent être associés à des attentes ou des expériences passées et vous empêcher d'accepter et d'aimer votre corps physique. Vous en valez la peine et ce chapitre explore les moyens de prendre soin de votre corps.

Stress et corps physique

Des niveaux élevés de stress entraînent une surcharge du système immunitaire et réduiraient l'efficacité de la digestion des aliments et de l'extraction des nutriments. Le stress interrompt le sommeil ou en diminue la qualité et finit par conduire à ne pas prendre soin de soi.

Si vous en avez la possibilité, n'ignorez pas l'occasion de passer des examens médicaux et dentaires annuels. Détecter les problèmes potentiels avant qu'ils ne deviennent majeurs peut vous épargner bien des soucis. Si vous souffrez de dépression, d'anxiété ou d'un stress excessif, parlez-en également à votre médecin. Rappelez-vous qu'il ne s'agit pas de faiblesse ou d'échec; ce sont des symptômes qui montrent que votre corps ne fonctionnent pas de manière optimale.

S'hydrater

Comment peut-on oublier quelque chose d'aussi simple que de boire de l'eau ? Et pourtant... Vous appréciez la caféine pour vous aider à vous réveiller et à rester éveillée ; vous aimez les sodas pour leur côté acidulé ; vous comptez sur les smoothies pour optimiser votre consommation de protéines ou de fruits et légumes (d'accord, ce n'est pas si mal). Mais la plupart des gens ont besoin de beaucoup plus d'eau qu'ils n'en boivent réellement, notamment du fait de leur consommation de toutes ces autres boissons.

Comment vous rappeler de boire de l'eau ? Essayez ce sortilège pour créer une bouteille programmée réutilisable pour vous assurer une meilleure hydratation quotidienne.

Programmer un récipient magique

Bien mieux qu'un joli mug, voici comment programmer une bouteille ou un verre pour favoriser santé et bonheur tout en fournissant une énergie positive à votre corps à chaque gorgée !

Vous avez besoin de :

- Bouteille ou verre réutilisable
- Feuille de papier vierge
- Cristal de roche
- Quartz rose
- Marqueur

Comment procéder :

1. Avant de commencer, lavez et séchez la bouteille ou le verre.
2. Centrez-vous et ancrez-vous.
3. Posez la feuille de papier au centre de votre espace de travail. Placez la bouteille au centre du papier. Posez le cristal de roche à quelques centimètres derrière la bouteille ou le verre, et le quartz rose à quelques centimètres devant. Avec le marqueur, dessinez une flèche allant du cristal au récipient, puis de celui-ci au quartz rose. Dessinez une flèche partant du quartz rose et pointant vers vous.
4. Dites :

   Bouteille, sois pour moi un élément de soin pour une santé optimale.
   Apporte-moi l'hydratation pour étancher la soif de mon corps,
   Pour que ma peau rayonne,
   Pour que mon corps soit lavé de ses toxines.
   Que chaque gorgée attire le bonheur vers moi.
   Je bois dans la joie et l'énergie positive.
   Ainsi soit-il !

5. Écrivez votre nom dessus, et dites : « *Ainsi, je scelle le sort.* »
6. Hydratez-vous autant que possible pendant la journée.

Fatigue visuelle

C'est l'une des choses que nous négligeons le plus. Cet exercice est le moyen idéal de prendre quelques minutes pour vous reconnecter avec votre moi intérieur et pour reposer vos yeux.

Exercice

Comment procéder :

1. Centrez-vous et ancrez-vous. Fermez les yeux.
2. Respirez lentement et profondément cinq fois, puis répétez cette affirmation (à voix haute ou dans votre tête) : « *Je suis détendue et concentrée. Je vois clairement.* »
3. Respirez profondément et répétez l'affirmation pendant trois minutes.
4. Ouvrez les yeux. Fléchissez vos mains et vos pieds, puis étirez vos bras et vos jambes. Faites rouler votre cou doucement avant de retourner travailler.

Nutrition et bien-être

Les bonnes habitudes alimentaires passent souvent à la trappe lorsque l'on est stressée. À cause des contraintes de temps ou d'un manque d'appétit, ou peut-être parce que votre alimentation est reléguée au bas de votre liste des priorités entre d'autres choses à faire, vous en arrivez à mangez mal au lieu de privilégier ce qui pourrait favoriser votre bien-être, ou vous mangez rapidement parce que vous n'avez pas le temps.

Pourtant, manger est l'une des formes les plus élémentaires de self-care. Sans une alimentation saine, vous serez incapable d'accomplir vos tâches quotidiennes. Vous serez fatiguée et votre niveau d'énergie sera faible. Votre mémoire et votre clarté mentale en pâtiront également. En fait, vous risquez de compromettre votre fonctionnement de base. Il ne s'agit pas de manger de bons aliments, mais de couvrir les besoins fondamentaux de votre corps pour qu'il puisse fonctionner.

L'alimentation a également un impact sur l'humeur, régulée par la production d'hormones, qui subit un coup lorsque vous vous privez d'aliments ayant une bonne valeur nutritionnelle. Écoutez les besoins de votre corps en matière d'alimentation. Avez-vous déjà eu faim parce que vous n'aviez pas fourni suffisamment de carburant à votre corps ? Vous sentez-vous parfois léthargique et incapable de vous concentrer parce que vous avez mangé un repas trop copieux ?

Parfois, nous exploitons la nourriture pour nous récompenser ou pour prendre soin de nous d'une manière peu constructive, en essayant de nous remonter le moral avec des friandises qui nous font du bien sur le plan émotionnel, mais qui ne sont pas bonnes au niveau nutritionnel.

Il faut beaucoup d'énergie pour planifier et préparer des plats à l'avance, ce qui peut être décourageant si vous êtes déjà aux prises avec l'anxiété, la dépression ou un emploi du temps chargé. Vos conditions de vie et votre revenu ne vous permettent peut-être pas de stocker ou de préparer correctement vos repas, ce qui peut également avoir un impact sur votre capacité à gérer votre alimentation au quotidien.

Pour faciliter la planification, prenez une demi-heure par semaine pour organiser vos repas. Commandez vos courses en ligne si vous le pouvez; sinon, assurez-vous d'avoir une liste de tout ce dont vous aurez besoin pour préparer les repas de la semaine. Pour faciliter la préparation, faites-en plus et congelez-en quelques-uns pour les jours où vous rentrez tard ou pour les emporter au travail.

Recettes

Attention : cette section du livre ne prend pas en compte le calcul des calories. Les recettes sont assez classiques, tout en étant généreuses. Elles sont axées sur le confort et sur le fait de se sentir bien.

Soupes

Les soupes sont un merveilleux aliment de base. Elles sont épaisses, rassasiantes, chaudes et douces. Elles sont également faciles à préparer et à congeler. Si elles sont trop épaisses lorsque vous les décongelez, ajoutez du bouillon.

Soupe aux légumes rôtis

C'est ma soupe d'automne préférée! Une excellente façon de célébrer les récoltes. Les carottes sont associées à la réussite (surtout physique) ; la courge, à la bénédiction et à la conscience des autres royaumes; les poivrons portent une énergie protectrice; les tomates sont associées à la santé, à l'amour et à la protection; les patates douces sont associées à l'amour et les oignons et l'ail, à la protection.

Pour 6 personnes

Vous avez besoin de :

- 1 gros oignon épluché
- 8 carottes épluchées
- 1 petite courge musquée pelée et épépinée
- 4 poivrons rouges équeutés et épépinés
- 3 grosses tomates épépinées
- 4 patates douces moyennes épluchées
- 4 grands panais épluchés
- 2 cuillères à soupe d'huile d'olive
- 1 cuillère à soupe de romarin frais haché
- 1 cuillère à café de sel
- ½ cuillère à café de poivre noir moulu
- ½ tête d'ail, gousses épluchées
- 1 l de bouillon (poulet ou légumes)

1. Préchauffez le four à 200 °C.
2. Coupez les légumes en morceaux.
3. Dans un grand saladier, mélangez les légumes avec l'huile d'olive, puis étalez-les sur un grand plat à four. Saupoudrez de romarin et ajoutez du sel et du poivre.
4. Faites rôtir pendant une heure. Ajoutez ensuite les gousses d'ail, remuez et remettez au four pendant 45 minutes supplémentaires.
5. Retirez du four et transférez les légumes dans le saladier. Versez le bouillon dans le plat et déglacez-le en grattant les morceaux brunis. Versez le bouillon avec les légumes.
6. Versez les légumes et le bouillon dans une casserole et utilisez un mixeur plongeant pour mixer la soupe. Si nécessaire, diluez en ajoutant du bouillon. Si la soupe est trop liquide, laissez-la mijoter plus longtemps pour faire évaporer le surplus de liquide. Goûtez et rectifiez l'assaisonnement selon vos préférences.
7. Servez cette soupe chaude avec du pain frais. Vous pouvez ajouter une cuillerée de crème fraîche ou de yaourt grec à votre bol de soupe, si vous le souhaitez.

Soupe aux poireaux et aux pommes de terre

Les pommes de terre apportent une énergie protectrice, tandis que les poireaux font partie de la famille des oignons, associés à la santé et à l'élimination de la négativité. Pour une version vegan, remplacez le beurre par de l'huile d'olive et utilisez du lait de coco à la place du lait entier.

Pour 4 personnes

Vous avez besoin de :

- 2 poireaux moyens lavés et tranchés dans le sens de la longueur
- 30 g de beurre
- 1 petit oignon épluché et haché
- 1 l de bouillon (poulet ou légumes)
- 8 pommes de terre moyennes épluchées et coupées en cubes
- 1 feuille de laurier
- 1 brin de thym frais
- ½ cuillère à café de sel
- ½ cuillère à café de poivre noir moulu
- 250 ml de lait entier
- Crème épaisse (facultatif)
- 2 poignées de ciboulette ou d'oignons verts émincés
- Fromage râpé (facultatif)

1. Retirez la racine du poireau et hachez uniquement les parties vert clair et blanches, en jetant les parties vert foncé.
2. Faites fondre le beurre dans une casserole épaisse à feu moyen. Faites cuire les poireaux et l'oignon jusqu'à ce qu'ils soient tendres, en remuant régulièrement (environ 10 minutes).
3. Versez le bouillon dans la casserole. Ajoutez les pommes de terre, la feuille de laurier, le thym, le sel et le poivre, et remuez à nouveau. Réduisez le feu et laissez mijoter environ 25 minutes.
4. Incorporez le lait et laissez mijoter encore 15 minutes. Retirez la feuille de laurier et la branche de thym. Utilisez un mixeur pour mixer la soupe dans la casserole. Si la soupe est trop liquide, laissez mijoter jusqu'à ce qu'elle soit plus épaisse; si elle est trop épaisse,

ajoutez un peu de bouillon. Ajoutez un peu de crème épaisse pour une soupe plus riche, si vous le souhaitez.

5. Saupoudrez de ciboulette hachée et servir avec du pain frais.
6. Si vous aimez le fromage avec les pommes de terre, incorporez 100 g de fromage râpé.

Gaspacho

Une délicieuse friandise estivale, fraîche et onctueuse à parsemer de croûtons au parmesan faits maison pour un plaisir supplémentaire (voir la recette suivante). Si vos tomates ne sont pas très juteuses, vous pouvez ajouter un peu de jus de tomate ou de légumes au mélange.

Pour 4 personnes

Vous avez besoin de :

- 1 concombre moyen épluché et haché
- 1 poivron rouge moyen équeuté, épépiné et haché
- 1 poivron vert de taille moyenne équeuté, épépiné et haché
- 1,5 kg de tomates Roma coupées en morceaux
- 2 gousses d'ail épluchées et émincées
- 40 g d'oignon rouge épluché et haché
- 4 tranches de pain blanc rassis (pain de campagne), découpées en cubes.
- 2 cuillères à soupe d'huile d'olive
- 2 cuillères à soupe de vinaigre de riz
- 1 cuillère à soupe de jus de citron frais
- ½ cuillère à café de sel
- ½ cuillère à café de poivre noir fraîchement moulu
- 1 poignée de basilic frais haché (pour la garniture)

1. Mélangez les légumes hachés et le pain dans un grand bol. Arrosez le tout avec l'huile d'olive, le vinaigre, le jus de citron, le sel et le poivre, puis mélangez à nouveau. Appuyez pour libérer le jus des légumes, puis couvrez d'un film plastique et placez au réfrigérateur pendant au moins une heure (l'idéal est de le laisser une nuit).
2. Transférez les ingrédients refroidis dans un robot ou un mixeur et réduisez-les en purée. Si vous souhaitez que la purée soit plus lisse et moins grumeleuse, ajoutez jusqu'à deux cuillères à soupe d'huile d'olive supplémentaires, un peu à la fois, en mélangeant bien.
3. Goûtez et ajoutez un peu de vinaigre, de sel et de poivre, si vous le souhaitez. Couvrez et placez à nouveau au réfrigérateur jusqu'à ce que la préparation soit bien froide.
4. Servir parsemé de basilic frais haché.

Croûtons au parmesan

Ils sont délicieux dans le gaspacho, dans une salade, ou bien tout seuls ! Si votre pain est frais et non rassis, placez les tranches de pain dans un four à 160 °C pendant 1 à 2 minutes pour les sécher légèrement avant de les couper en cubes. Vous pouvez utiliser n'importe quel type de pain, mais il s'agit d'une excellente façon de récupérer le pain dur. Vous pouvez également remplacer l'huile d'olive par du beurre fondu.

Vous avez besoin de :

- 4 tranches épaisses de pain de campagne légèrement rassis
- 4 cuillères à soupe d'huile d'olive
- 2 cuillères à café de parmesan râpé
- 1 pincée d'origan séché
- 1 pincée de basilic séché
- 1 pincée de thym séché
- 1 pincée d'ail en poudre
- 1 pincée de sel

1. Préchauffez le four à 160 °C. Recouvrez une plaque à pâtisserie de papier aluminium ou de papier sulfurisé.
2. Retirez la croûte des tranches de pain, si vous le souhaitez. Coupez le pain en petits cubes.
3. Dans un grand bol, mélangez l'huile d'olive, le parmesan, l'origan, le basilic, le thym, la poudre d'ail et le sel. Ajoutez les cubes de pain et mélangez pour les enrober.
4. Transférez les cubes sur la plaque à pâtisserie tapissée et faites-les cuire environ 20 minutes jusqu'à ce qu'ils soient dorés. Laissez refroidir complètement avant de servir ou de les ajouter au plat de votre choix.

Pains

J'aime tellement faire cuire mon pain. Je m'excuse pour les délicieuses odeurs qui émanent régulièrement de ma maison auprès de tous ceux qui sont obligés de s'adapter à des régimes riches en protéines et pauvres en glucides.

Les céréales sont associées à l'abondance et à la prospérité.

Pain blanc

Il s'agit de la recette de mon pain de base. Il se coupe bien en tranches pour les sandwichs. J'utilise un robot pour pétrir mon pain, bien que je fasse des pains magiques à la main pour leur insuffler une énergie spécifique. Il s'agit d'une pâte humide qui se travaille bien au robot.

Pour 2 pains

Vous avez besoin de :

- 2 cuillères à café de levure active
- 1 pincée de sucre
- 1 cuillère à café de sel
- 1 cuillère à soupe et 2 cuillères à café d'huile végétale, séparées
- 2 l d'eau chaude
- 625 g de farine à pain

Substitutions de farine

Vous pouvez remplacer jusqu'à la moitié de la farine à pain par de la farine de blé complet. Vous aurez peut-être besoin d'un peu de liquide supplémentaire. Ajoutez d'abord la farine complète, puis laissez-la reposer pour qu'elle absorbe le liquide avant d'ajouter le reste de la farine à pain et de mélanger. Vous pouvez laisser lever le pain un peu plus longtemps.

1. Mélangez la levure, le sucre, le sel, une cuillère à soupe d'huile et l'eau dans un bol moyen. Laissez la levure s'activer et devenir mousseuse, ce qui peut prendre 5 à 10 minutes.
2. Incorporer 250 g de farine, puis ajouter le reste de la farine petit à petit. Si la pâte est encore très collante et que vous ne parvenez pas à la manipuler, ajoutez de la farine, un peu à la fois. La pâte ne doit cependant pas être sèche.
3. Retournez la pâte sur une surface légèrement farinée et pétrissez-la pendant 5 à 8 minutes. La pâte doit être humide ; l'eau en trop signifie que vous n'avez plus besoin de la pétrir. Utilisez juste assez de farine pour éviter qu'elle colle.
4. Huilez l'intérieur d'un saladier avec une cuillère à café d'huile et mettez-y la pâte en la retournant pour recouvrir toute la surface d'huile. Couvrez d'un linge humide et mettez-le dans un four non chauffé pour que la pâte lève pendant environ une heure.
5. Retirez la pâte du four et plantez-y votre poing, puis pliez-la à plusieurs reprises.
6. Huiler légèrement l'intérieur de deux moules à pain avec la cuillère à café d'huile restante. Coupez la pâte en deux et façonnez chaque moitié en pain. Déposez-les dans les moules en les retournant pour les enduire à nouveau d'huile. Mettez les pains dans le four non chauffé et laissez-les lever 30 minutes de plus.
7. Retirez les moules du four. Préchauffez le four à 180 °C.
8. Placez les pains dans le four chauffé et faites-les cuire 30 minutes jusqu'à ce que le dessus soit doré. Retirer les pains des moules ; le fond doit sonner creux lorsqu'on le frappe après l'avoir renversé hors du moule. Si le fond est mou ou si le choc est sourd au lieu d'être creux, remettez-les au four pendant quelques minutes et vérifiez à nouveau. Laissez les pains refroidir sur une grille.

Petits rouleaux de verdure

Mes enfants les adorent en sandwichs et en collations, et je ne peux pas les blâmer ! Ils sont délicieux avec un morceau de fromage.

Pour 16 petits rouleaux

Vous avez besoin de :

- 1 cuillère à café de levure sèche active
- 1 pincée de sucre
- ½ cuillère à café de sel
- 20 ml de beurre fondu, divisés
- 250 ml d'eau chaude
- 310 g de farine tout usage
- ½ cuillère à café d'ail en poudre
- ½ cuillère à café d'oignon en poudre
- 2 pincées de ciboulette fraîche émincée
- 1 cuillère à café d'assaisonnement italien (basilic, romarin, thym, marjolaine, origan)
- 2 cuillères à café d'huile végétale pour enduire le saladier et la poêle

1. Mélangez la levure, le sucre, le sel, la moitié du beurre fondu et l'eau dans un saladier. Laissez la levure s'activer et devenir mousseuse, ce qui peut prendre 5 à 10 minutes.
2. Incorporez 125 g de farine, puis les assaisonnements, et enfin ajoutez le reste de la farine en deux fois. Si la pâte est encore très collante, ajoutez de la farine, un peu à la fois, pour qu'elle puisse être manipulée. La pâte ne doit cependant pas être sèche.
3. Retournez-la sur une surface légèrement farinée et pétrissez-la pendant 5 à 8 minutes. La pâte doit rester humide ; utilisez juste assez de farine pour éviter qu'elle colle.

4. Huilez l'intérieur d'un saladier avec une cuillère à café d'huile et remettez la pâte, en la tournant pour en enduire toute la surface. Couvrez-le d'un linge humide et mettez-le dans un four non chauffé pour que la pâte lève environ une heure.
5. Retirez la pâte du four et enfoncez votre poing, puis repliez-la plusieurs fois.
6. Huilez légèrement une plaque à pâtisserie ou un moule plat avec le reste de l'huile. Formez des boules de pâte et donnez-leur la taille que vous préférez (j'aime bien les boules d'environ 3 cm de diamètre). Disposez-les sur la plaque, en veillant à ce qu'elles se touchent à peine, en rangs bien ordonnés. Badigeonnez-les avec le reste du beurre fondu. Mettez-les dans le four non chauffé et laissez les rouleaux lever 45 minutes de plus.
7. Retirez le moule du four. Préchauffez le four à 180 °C.
8. Placez les rouleaux dans le four chaud et faites-les cuire pendant 30 minutes, jusqu'à ce que le dessus soit doré. Laissez les rouleaux refroidir sur une grille avant de les déguster.

Plats principaux et accompagnements

Les deux premières recettes sont des classiques de la cuisine réconfortante, tandis que la recette avec des pommes de terre se marie avec à peu près tout.

Rôti en cocotte

La viande est porteuse d'énergie vitale, tout comme le vin rouge (que vous pouvez choisir d'utiliser dans cette recette). L'ail et les oignons sont associés à une bonne santé. Les protéines de la viande servent également à vous ancrer. Si vous le pouvez, essayez d'utiliser du bœuf élevé en liberté. Servez ce plat sur une purée de pommes de terre avec des morceaux de carottes légèrement sautées dans du beurre.

Pour 4 personnes

Vous avez besoin de :

- 1,5 kg de rôti de palette désossé
- 1 cuillère à café de sel
- 1 cuillère à café de poivre moulu
- 3 grosses gousses d'ail, pelées et finement hachées
- 2 cuillères à soupe d'assaisonnement à steak
- 2 cuillères à soupe d'huile d'olive, divisées
- 2 petits oignons jaunes ou rouges pelés et découpés
- 200 g de champignons de Paris tranchés
- 250 ml de bouillon de bœuf
- 250 ml de vin rouge ou blanc
- 2 cuillères à café de fécule de maïs

1. Parsemez le rôti de sel et de poivre, d'ail et d'assaisonnement pour steak. Laissez-le reposer environ une heure à température ambiante.

2. Versez une cuillère à soupe d'huile d'olive dans une casserole large et profonde ou une cocotte et faites-la chauffer à feu moyen. Ajoutez le rôti et saisissez-le de tous les côtés. Retirez le rôti et laissez-le reposer sur une assiette pendant que vous effectuez l'étape suivante.
3. Réduisez le feu. Ajoutez une cuillère à soupe d'huile d'olive et faites sauter les oignons jusqu'à ce qu'ils soient tendres (si les résidus au fond de la poêle deviennent trop bruns, réduisez encore le feu, ajoutez un peu d'eau et raclez-la dans les oignons). Ajoutez les champignons et remuez en les faisant sauter. Versez le bouillon de bœuf et le vin puis remuez, en grattant les morceaux croustillants du fond.
4. Remettez le rôti dans la marmite et versez-y le jus qui s'est accumulé pendant qu'il reposait.
5. Couvrez la marmite et réduisez le feu juste au-dessus du minimum. Laissez le rôti cuire environ deux heures, puis retournez-le délicatement. Couvrez à nouveau la marmite et laissez le rôti cuire encore deux heures.
6. Testez le rôti en le divisant à l'aide de deux fourchettes ; s'il se découpe facilement et qu'il est humide à l'intérieur, il est cuit. S'il est difficile à défaire, couvrez-le à nouveau et laissez-le cuire plus longtemps. Vérifiez toutes les 10 minutes en ajoutant un peu plus de vin ou de bouillon si nécessaire. Lorsque la viande est cuite, réservez un peu de liquide de cuisson dans un petit bol et incorporez-y la fécule de maïs en fouettant.
7. Poussez la viande sur un côté de la marmite. Augmentez le feu et incorporez le mélange de fécule de maïs, chauffez jusqu'à ébullition pour épaissir la sauce. Goûtez la sauce et corrigez l'assaisonnement si nécessaire. Éteignez le feu et décollez à la fourchette le fond de rôti dans la cocotte. Dégustez chaud.

Gratin de macaronis au fromage

Ce plat est idéal lorsqu'il est préparé avec des pâtes au blé complet ; le goût de noisette des macaronis s'allie très bien à la sauce au fromage. Veillez à ne pas trop les faire cuire pour qu'ils restent fermes. Les produits laitiers sont associés à la santé, tandis que les produits céréaliers sont associés à la prospérité et à l'abondance.

Pour 5 personnes

Vous avez besoin de :

- 200 g de macaronis au blé complet (ou autre forme de pâtes de votre choix)
- 5 g, 20 g et 40 g de beurre, séparés
- 30 g de farine
- 625 ml de lait
- ½ cuillère à café de sel
- ¼ cuillère à café de poivre noir moulu
- 1 pincée d'oignon en poudre
- 1 pincée d'ail en poudre
- 100 g de gruyère râpé
- 100 g de gouda râpé (de préférence fumé)
- 100 g de fromage râpé semi-mou, lisse et crémeux
- 100 g de cheddar râpé
- 60 g de chapelure

Expérimentez les saveurs

En plus des condiments indiqués, vous pouvez également ajouter une ou deux pincées d'herbes de Provence et une touche de moutarde de Dijon ou une pincée de noix de muscade. Bonne dégustation !

1. Préchauffez votre four à 180 °C.
2. Faites cuire les pâtes selon les instructions sur l'emballage, en enlevant une minute. Égouttez-les, remettez-les dans la casserole, et incorporez 5 g de beurre.
3. Dans une autre grande casserole, faites fondre 40 g de beurre à feu moyen. Incorporez la farine et faites cuire une minute en remuant constamment.
4. Versez 250 ml de lait et fouettez pour mélanger la pâte au liquide. Ajoutez le reste du lait et continuez à fouetter. Ajoutez le sel et le poivre, la poudre d'oignon et la poudre d'ail et faites cuire pendant environ 5 minutes, en remuant constamment, jusqu'à ce que la sauce ait épaissi et prenne une consistance crémeuse. Retirez du feu et incorporez les fromages râpés. Vérifiez l'assaisonnement et rectifiez-le si nécessaire.
5. Versez la sauce sur les pâtes et mélangez délicatement. Étalez le tout dans un plat allant au four.
6. Dans un petit bol, mélangez à l'aide d'une fourchette la chapelure et 20 g de beurre. Saupoudrez les macaronis.
7. Faites cuire au four environ 30 minutes. Ne laissez pas trop cuire, la préparation est censée être crémeuse !

Pommes de terre au romarin

J'adore la façon dont les pommes de terre deviennent sucrées quand on les fait rôtir. Le romarin et le citron les égayent joliment.

Pour 4 personnes

Vous avez besoin de :

- 500 g de petites pommes de terre
- 1 cuillère à soupe d'huile d'olive, et 1 cuillère à café, séparées
- 1 cuillère à soupe de moutarde de Dijon
- 1 poignée de romarin frais haché
- 10 ml de jus de citron
- 1 gousse d'ail pelée et émincée
- 1 cuillère à café de sel
- ½ cuillère à café de poivre noir moulu
- 1 pincée de poivre de Cayenne

1. Préchauffez le four à 200 °C. Tapissez une plaque de papier aluminium et badigeonnez d'une cuillère à café d'huile d'olive.
2. Coupez les pommes de terre en deux ; les plus grosses peuvent être coupées en quatre. Versez-les dans un grand bol et ajoutez le reste des ingrédients. Remuez pour bien les enrober.
3. Répartissez les pommes de terre sur la plaque et les passez-les au four. Faites-les rôtir 15 minutes, remuez, retournez les pommes de terre et renfournez encore 15 minutes ou jusqu'à ce qu'un couteau s'enfonce facilement et que l'intérieur soit tendre. Servez aussitôt.

Bienfaits des infusions et thés

Les tisanes offrent des avantages physiques qui vont au-delà de la sensation réconfortante d'une tasse chaude dans la main. La L-théanine est un acide aminé présent dans les feuilles de thé. Elle aide à la relaxation et augmente les niveaux de dopamine. Cette substance soulage le stress et agit pour que les ondes cérébrales se comportent comme lorsque le corps est détendu, en augmentant les ondes de fréquence alpha afin de favoriser un état de calme. On la trouve à la fois dans le thé vert et le thé noir, avec des niveaux plus élevés dans le thé vert, comme le matcha.

Effectuez des recherches sur les herbes que vous utilisez en tisane. Vérifiez les interactions avec certains médicaments et les éventuelles contre-indications en cas d'allergies.

Voici quelques composants ordinaires pour les tisanes et des informations à leur sujet.

Camomille

Plante de la famille des Astéracées, la camomille utilisée en médecine et en herboristerie est le plus souvent la camomille romaine (*Chamaemelum nobile*) et la camomille allemande (*Matricaria chamomilla*). La tisane à la camomille est souvent recommandée pour ses effets anxiolytique et sédatif, et pour favoriser la relaxation en général. Attention, elle ne doit pas être utilisée par les femmes enceintes, car elle peut déclencher des contractions utérines.

Lavande

S'il existe une plante classique associée à la sérénité, à la relaxation et au calme, c'est bien la lavande (*Lavandula angustifolia*). Elle est particulièrement efficace pour lutter contre le stress émotionnel, bien qu'elle fonctionne également pour le stress physique et mental. Essayez d'ajouter une pincée de fleurs de lavande à n'importe quel thé noir, ou mélangez-la avec de la camomille, de la verveine et un peu de menthe pour obtenir une tisane agréable et déstressante.

Mélisse

La mélisse (*Melissa officinalis*) possède des propriétés relaxantes qui aident à apaiser les maux de tête, à calmer l'anxiété et à traiter l'insomnie. Elle est également excellente en cas de rhume, car elle présente des propriétés antivirales. Sa saveur est délicate et citronnée.

Verveine citronnée

La verveine citronnée (*Aloysia citriodora*, également appelée *Lippia citriodora*) favorise un sommeil réparateur, agit comme un anti-inflammatoire, améliore la digestion, calme les nerfs, atténue le stress et fonctionne comme un antioxydant. Sa saveur est fraîche et citronnée.

Passiflore

La passiflore (*Passiflora*) combat l'anxiété, la panique, l'insomnie et la dépression. Elle a également des propriétés analgésiques et calme les douleurs nerveuses. Elle équilibre l'humeur. Son goût est doux et frais. Attention, les femmes enceintes doivent éviter la passiflore car elle peut stimuler les contractions utérines.

Scutellaire

La scutellaire américaine (*Scutellaria lateriflora*) est utilisée pour traiter l'anxiété, les maux de tête et l'insomnie. Ce nervin favorise la relaxation et un sentiment de bien-être face au stress. (Assurez-vous que la scutellaire que vous utilisez est la scutellaire d'Amérique ; la scutellaire chinoise [*Scutellaria baicalensis*] est une autre plante, avec des applications différentes).

Verveine

La verveine (*Verbena officinalis*) a un effet anxiolytique, relaxant et sédatif, ainsi qu'un fort effet antioxydant ; elle contient beaucoup de vitamine C. Son goût peut être amer, il est donc conseillé de la mélanger avec d'autres herbes ou d'ajouter du citron et du miel.

Soins pour le bain et la douche

L'hygiène est une nécessité, mais il n'y a aucune raison pour que vous ne puissiez pas en profiter au maximum ! Pourquoi ne pas en faire une expérience agréable et un moment spécial ? C'est magique, et en plus ce plaisir nourrit l'âme bien au-delà du corps.

Ajoutez une énergie particulière à vos bains et douches en préparant et en utilisant des mélanges magiques comme des barres de gommage, des bombes, des huiles et des sels de bain.

Barres de gommage pour la douche

Les gommages au sucre sont agréables, mais peuvent devenir un peu gluants lorsqu'ils restent dans un pot. Pourquoi ne pas essayer un morceau ou une barre de sucre exfoliant ? Ce mélange contient des huiles et de la cire d'abeille pour nourrir la peau, et du sucre super fin ou du sucre fin pour aider à éliminer en douceur les cellules mortes. Si vous n'avez pas de sucre super fin, passez du sucre ordinaire dans votre mixeur ou votre robot pour réduire la taille des grains. Vous pouvez également ajouter un zeste de citron râpé au mélange avant d'ajouter le sucre. Commencez par une cuillère à café de zeste ; si vous décidez que vous voulez une odeur de citron plus forte, ajoutez-en davantage. Le beurre de karité et la cire d'abeille peuvent être achetés dans des épiceries bio ou commandés en ligne.

Vous avez besoin de :

- 40 ml d'huile de coco
- 2 cuillères à café de beurre de karité
- 2 cuillères à soupe de granulés de cire d'abeille
- Une baguette de bois ou un bâton
- 10 gouttes de mélange d'huiles essentielles de rose (voir conseil)
- 6 gouttes d'huile essentielle de citron
- 1 ou 2 gouttes de colorant alimentaire rouge (facultatif)
- 60 g de sucre fin ou super fin
- Moules en silicone
- Papier cuisson
- Récipient de stockage

Comment procéder :

1. Versez l'huile de coco, le beurre de karité et la cire d'abeille dans un petit bol allant au micro-ondes. Faites chauffer à puissance élevée pendant 30 secondes. Lorsque toutes les huiles ont presque

fondu, retirez-les du micro-ondes et remuez pour bien mélanger tous les ingrédients.

2. Incorporez les huiles essentielles et le colorant alimentaire (si vous en utilisez).
3. Versez lentement le sucre tout en remuant. Si le mélange devient dur, passez-le au micro-ondes pendant 15 à 20 secondes.
4. Versez le mélange dans les moules en silicone et mettez-les de côté pour qu'ils refroidissent. Une demi-heure au congélateur devrait suffire.
5. Enveloppez les barres individuellement dans du papier cuisson, puis conservez-les dans un récipient hermétique. Si la température est chaude et que vous trouvez que vos barres de gommage deviennent un peu molles ou fondantes, mettez-les au réfrigérateur.
6. Pour utiliser la barre de gommage, réchauffez-la un peu entre vos mains, puis frottez-la doucement contre votre peau pour éliminer les cellules mortes. Rincez ensuite à l'eau tiède. Vous pouvez également utiliser une barre sous la douche ou dans le bain. (Utilisez de plus petites portions, car les barres de gommage fondent dans l'eau chaude).

Conseil :

- L'huile essentielle de rose pure est extrêmement chère. Les flacons d'huile essentielle de rose sont généralement livrés déjà dilués ; vous pouvez tout à fait utiliser ce type d'huile. Vous ajusterez la quantité d'huile de rose en fonction de votre sensibilité. Pour un parfum plus intense ou pour remplacer une partie du mélange d'huiles essentielles, vous pouvez émietter quelques pétales de rose séchés dans le mélange au moment où vous le mixez.

Gommage exfoliant au sel de romarin et au citron

Pour les pieds et les mains, vous préférerez peut-être un gommage lumineux d'agrumes et de plantes qui vous remontera le moral tout en éliminant les peaux mortes. Le citron est excellent pour éliminer l'énergie négative et encourager la joie, tandis que le romarin est bon pour la guérison, la protection et l'amélioration de la concentration.

Vous avez besoin de :

- 125 g de sel
- Jus d'un citron moyen
- Zeste d'un citron moyen
- 20 ml d'huile d'olive
- 1 brin de romarin frais
- Petit bocal en verre ou récipient doté d'un couvercle

Comment procéder :

1. Mélangez le sel et le jus de citron. Incorporez le zeste de citron.
2. Incorporez l'huile d'olive et mélangez bien (ajoutez-en plus si vous voulez que votre gommage soit moins sec).
3. Broyez finement la branche de romarin et incorporez-la au mélange. Si vous ne voulez pas des tiges, effeuillez-les et broyez uniquement les feuilles.
4. Versez dans un petit bocal. Laissez le mélange s'adoucir pendant un jour ou deux; remuez bien avant de l'utiliser. Conservez le gommage au réfrigérateur ou dans un autre endroit frais.
5. Prélevez un peu du gommage et massez doucement votre peau. Rincez à l'eau chaude et séchez en tapotant.

Conseil :

- Essayez d'utiliser du sel marin finement moulu. Plus le sel est grossier, plus le gommage sera dur pour votre peau.

Gommage au sucre à la vanille

Ce gommage a une odeur agréable et réconfortante. Si vous êtes fan de biscuits fraîchement cuits, il est fait pour vous ! L'huile de coco dégage un parfum subtil et procure une agréable sensation sur la peau. Cette recette est très gourmande ! (Techniquement, tous les ingrédients du gommage sont propres à la consommation. Si vous vous léchez les doigts, je ne le dirai à personne).

Vous avez besoin de :

- 60 ml d'huile de coco
- 30 g de sucre brun
- 1 ml d'extrait de vanille
- Petit bocal en verre ou récipient doté d'un couvercle

Comment procéder :

1. Mélangez tous les ingrédients dans un petit bocal.
2. Pour l'utiliser, massez votre peau avec puis rincez à l'eau chaude.
3. Séchez en tapotant.

Conseil :

- Vous pouvez ajouter une pincée de cannelle moulue, ou bien une pincée de gingembre, de noix de muscade et de piment de la Jamaïque pour un gommage au pain d'épices !

Bombes de bain : recette de base

Ces délicieuses petites bombes sont d'excellents outils magiques. Visualisez les bulles qui vous remplissent de l'énergie que vous avez programmée, ou imaginez les pétillements qui éliminent la négativité. Le rendement de la recette dépend de la taille de vos moules mais vous devriez en obtenir une quinzaine. L'acide citrique peut être acheté dans les épiceries bio ou en ligne.

Voici la recette de base et les instructions. Vous trouverez ensuite différentes versions magiques que vous pourrez adapter. Employez-les comme source d'inspiration et créez la vôtre !

Vous avez besoin de :

- Petit bol
- 175 g de bicarbonate de soude
- 30 g de sel d'Epsom
- 90 g de fécule de maïs
- Colorant alimentaire
- 1 ou 2 cuillères à café d'eau
- Gants en plastique
- Huile(s) essentielle(s) de votre choix (voir les recettes qui suivent)
- 90 g d'acide citrique
- Moules en silicone ou en plastique (voir conseil)

Comment procéder :

1. Dans un bol en verre ou en plastique, mélangez au fouet le bicarbonate de soude, le sel d'Epsom et la fécule de maïs.
2. Ajoutez à l'eau quelques gouttes de colorant alimentaire d'une couleur que vous associez à votre objectif magique (voir les recettes suivantes). Ajoutez quelques gouttes à la fois au mélange sec et mélangez bien avec des mains gantées. N'ajoutez pas trop d'eau pour éviter d'activer le pétillement du bicarbonate de soude. Si le mélange conserve sa forme lorsque vous en pressez une partie, ajoutez entre 6 et 8 gouttes d'huile essentielle et mélangez bien. Incorporez l'acide citrique.

3. Tassez fermement des cuillères du mélange dans chaque moule. Ne vous préoccupez pas trop de son apparence, mais pressez-le fermement. Répétez l'opération jusqu'à terminer le mélange. Laissez durcir entre deux et trois heures, puis démoulez délicatement les formes et laissez-les sécher un jour de plus. Conservez-les dans une boîte hermétique.

Conseil :

- Les moules à savon et à bonbons conviennent parfaitement pour cette activité. Les moules à muffins en silicone sont également parfaits, car vous pouvez les utiliser pour fabriquer les barres de gommage. Réservez les moules pour les produits de soins corporels à cet unique usage.

Bombes de bain de la Lune magique

Ces bombes de bain sont pleines d'énergie lunaire pour vous aider à vous ouvrir à l'intuition, à la sérénité et à l'acceptation du flux ainsi qu'à la transition. Vous obtiendrez environ quatre bombes de bain avec des moules moyens ; adaptez le nombre de pierres au nombre de moules.

Vous avez besoin de :

- 60 g de bicarbonate de soude
- 10 g de sel d'Epsom
- 25 g de fécule de maïs
- ½ cuillère à café d'eau
- ½ cuillère à café de zeste de citron fraîchement râpé
- 2 pincées de pétales de roses séchés
- Colorant alimentaire bleu, violet ou rouge
- 4 gouttes d'huile essentielle de jasmin
- 4 gouttes d'huile essentielle de citron
- Moules en silicone ou en plastique
- 4 petites pierres de Lune

Comment procéder :

1. Centrez-vous et ancrez-vous.
2. Suivez les instructions de la recette précédente des bombes de bain. Ajoutez le zeste et les pétales tout en mélangeant les ingrédients, et dites : « *Citron, apporte-moi la joie ; rose, apporte-moi l'amour de moi-même.* »
3. Ajoutez quelques gouttes de colorant alimentaire bleu à l'eau pour teinter le mélange d'un bleu très pâle. Si vous voulez obtenir un lavande pâle mais que vous n'avez pas de violet, utilisez un peu de bleu et un peu de rouge.
4. Ajoutez les huiles essentielles, et dites : « *Jasmin, prête-moi ta sérénité ; citron, apporte-moi la purification.* »
5. Écrasez environ un huitième du mélange dans un moule, placez la pierre de Lune au centre, puis ajoutez la même quantité par-dessus. Appuyez fermement. Répétez l'opération avec les trois moules suivants.

Bombes de bain du tigre magique

Ces bombes de bain sont conçues pour le courage et la force afin de vous aider à renforcer votre confiance. Vous obtiendrez environ quatre bombes de bain ; ajustez le nombre de pierres selon la taille de vos moules.

Vous avez besoin de :

- 60 g bicarbonate de soude
- 10 g de sel d'Epsom
- 25 g de fécule de maïs
- ½ cuillère à café d'eau
- 1 pincée de gingembre moulu
- 1 pincée de noix de muscade moulue
- Colorant alimentaire jaune, orange ou rouge
- 4 gouttes d'huile essentielle de bergamote
- 4 gouttes d'huile essentielle de bois de santal
- Moules en silicone ou en plastique
- 4 petits œils-de-tigre

Comment procéder :

1. Centrez-vous et ancrez-vous.
2. Suivez les instructions de la recette de base des bombes de bain. Ajoutez les épices tout en mélangeant les ingrédients secs, et dites : « *Gingembre, apporte-moi la puissance ; noix de muscade, apporte-moi le courage.* »
3. Ajoutez quelques gouttes de colorant alimentaire pour teinter le mélange en jaune ou en orange (du jaune et du rouge).
4. Ajoutez les huiles essentielles, et dites : « *Bergamote, prête-moi ta positivité ; bois de santal, apporte-moi l'ancrage et la confiance.* »
5. Écrasez environ un huitième du mélange dans un moule, placez un œil-de-tigre au centre, puis ajoutez la même quantité par-dessus. Appuyez fermement. Répétez l'opération avec les trois moules suivants.

Bombes de bain de bénédiction

Si vous sentez que vous avez besoin d'un bain qui vous purifie et vous remonte le moral, ne cherchez plus. Cette bombe de bain magique est idéale. Vous obtiendrez environ quatre bombes de bain ; adaptez le nombre de pierres au nombre de moules.

Vous avez besoin de :

- 60 g bicarbonate de soude
- 10 g de sel d'Epsom
- 25 g de fécule de maïs
- ½ cuillère à café d'eau
- 2 pincées de pétales de roses séchés
- 1 pincée de paillettes argentées biodégradables de qualité cosmétique (facultatif)
- 4 gouttes d'huile essentielle de jasmin
- 4 gouttes d'huile essentielle de bois de santal
- Moules en silicone ou en plastique
- 4 petits cristaux de roche

Comment procéder :

1. Centrez-vous et ancrez-vous.
2. Suivez les instructions de la recette de base des bombes de bain. Ajoutez les pétales tout en mélangeant les ingrédients secs, et dites : « *Rose, apporte-moi la purification* ».
3. Incorporez les paillettes au mélange sec, si vous en utilisez.
4. Ajoutez les huiles essentielles, et dites : « *Jasmin, élève-moi ; bois de santal, bénis-moi.* »
5. Écrasez environ un huitième du mélange dans un moule, placez le cristal de roche au centre, puis ajoutez la même quantité par-dessus. Appuyez fermement. Répétez l'opération avec les trois moules suivants.

Conseil :

- Les paillettes de qualité cosmétique sont amusantes à ajouter à cette bombe de bain. N'oubliez pas qu'il ne faut pas trop en mettre et essuyez votre baignoire après l'avoir utilisée si vous avez des animaux domestiques ! Préférez des paillettes biodégradables.

Bombes de bain pour des rêves doux

Éliminez la négativité et apaisez votre stress avant de vous coucher en profitant de cette bombe de bain à la lavande et à la mélisse.

Vous avez besoin de :

- 60 g bicarbonate de soude
- 10 g de sel d'Epsom
- 25 g de fécule de maïs
- ½ cuillère à café d'eau
- 1 cuillère à café de lavande séchée moulue
- 1 cuillère à café de mélisse séchée
- Colorant alimentaire bleu et rouge
- 4 gouttes d'huile essentielle de lavande
- 4 gouttes d'huile essentielle d'ylang-ylang
- Moules en silicone ou en plastique

Comment procéder :

1. Ancrez-vous et centrez-vous.
2. Suivez les instructions de la recette de base des bombes de bain. Ajoutez les herbes tout en mélangeant les ingrédients secs, et dites : « *Lavande, apporte-moi la paix ; mélisse, apporte-moi le sommeil.* »
3. Ajoutez quelques gouttes de colorant alimentaire à l'eau pour teinter le mélange en lavande pâle ou en bleu pâle.
4. Tandis que vous ajoutez les huiles essentielles, dites : « *Lavande, prête-moi ta détente ; ylang-ylang, apporte-moi le calme.* »

5. Tassez fermement le mélange dans les moules. Laissez-le durcir entre deux et trois heures, puis retirez délicatement les formes et laissez-les sécher un jour de plus. Conservez-les dans un récipient hermétique.

Huile de bain

L'huile de bain est aussi agréable que facile à réaliser. Voici la recette de base à adapter à votre guise, suivie de recettes magiques spécifiques. Les huiles de support idéales pour ce projet sont l'huile de jojoba, l'huile de pépins de raisin ou l'huile d'amande douce, dont la plupart peuvent être trouvées dans votre épicerie ou votre magasin de produits naturels.

Vous avez besoin de :

- Flacon doté d'un bouchon
- 250 ml d'huile de support de votre choix
- 8 à 10 gouttes d'huile essentielle (de votre choix, ou selon les recettes)
- Étiquette et stylo ou marqueur

Comment procéder :

1. Versez l'huile de support dans le flacon. Ajoutez les huiles essentielles. Bouchez le flacon et secouez-le doucement pour mélanger. Étiquetez clairement le flacon en indiquant le contenu et la date à laquelle l'huile a été mélangée. Laissez-la reposer au moins une semaine, si possible, pour qu'elle se développe avant de l'utiliser.
2. Pour l'utiliser, ajoutez deux à quatre cuillères à soupe à votre bain et mélangez l'huile dans l'eau avec vos mains. Soyez prudente, car l'huile peut rendre la baignoire glissante.

Huile de bain relaxante

Il s'agit d'un joli mélange pour se détendre dans le bain. Il est idéal avant le coucher, ou lorsque vous avez besoin de vous détendre après une journée de travail. Assurez-vous que la pierre est suffisamment petite pour entrer dans le flacon.

Vous avez besoin de :

- Quartz rose
- 250 ml d'huile de support
- Flacon doté d'un bouchon
- 5 gouttes d'huile essentielle de lavande
- 3 gouttes d'huile essentielle d'encens
- 2 gouttes d'huile essentielle de bois de santal
- Bougie blanche et bougeoir
- Allumettes ou briquet
- Étiquette et stylo ou marqueur

Comment procéder :

1. Purifiez la pierre selon votre méthode préférée (voir chapitre 1).
2. Versez l'huile de support dans le flacon. Ajoutez les huiles essentielles. Bouchez le flacon et secouez-le doucement pour mélanger.
3. Une fois l'huile secouée, ajoutez la pierre dans le flacon. Placez le flacon devant la bougie. Allumez la bougie, et dites : « *Bénissez cette huile, afin que je puisse libérer les tensions et le stress lorsque je l'utilise.* »
4. Laissez la bougie se consumer. Étiquetez le flacon.
5. Laissez l'huile reposer au moins une semaine, si possible, avant de l'utiliser.
6. Pour l'employer, versez deux à quatre cuillères à soupe dans votre bain et mélangez l'huile dans l'eau avec vos mains.

Huile de bain pour la joie

Cette huile de bain est idéale pour vous remonter le moral et augmenter votre optimisme !

Vous avez besoin de :

- Citrine
- 250 ml d'huile de support
- Flacon doté d'un bouchon
- 5 gouttes d'huile essentielle de citron
- 3 gouttes d'huile essentielle d'encens
- 2 gouttes d'huile essentielle d'orange douce
- Bougie jaune et bougeoir
- Allumettes ou briquet

Comment procéder :

1. Purifiez la pierre selon votre méthode préférée (chapitre 1).
2. Versez l'huile de support dans le flacon. Ajoutez les huiles essentielles. Bouchez le flacon et secouez-le doucement pour mélanger.
3. Une fois l'huile secouée, ajoutez la pierre dans le flacon. Placez le flacon devant la bougie. Allumez-la et dites : « *Bénissez cette huile, qu'elle apporte joie et bonheur chaque fois que je l'utilise.* »
4. Laissez la bougie se consumer. Étiquetez la bouteille.
5. Laissez l'huile reposer au moins une semaine, si possible, avant de l'employer.
6. Pour l'utiliser, ajoutez deux à quatre cuillères à soupe à votre bain et mélangez l'huile dans l'eau avec vos mains.

Sels de bain

Les sels d'Epsom sont employés pour soulager les muscles endoloris et peuvent aider à réduire l'inflammation. Cette recette peut sembler en consommer beaucoup mais, si vous utilisez 250 g par bain, vous aurez besoin d'une certaine quantité! Laissez infuser votre bain au moins 15 minutes pour profiter pleinement des bienfaits du sel. Cette recette produit environ 600 g de sels; si vous le souhaitez, vous pouvez la diviser et ajouter des couleurs et des parfums dans différents flacons.

Vous avez besoin de :

- 375 g de gros sel de mer
- 190 g de sel d'Epsom
- 60 g de bicarbonate de soude
- Bol moyen
- 12 à 16 gouttes d'huiles essentielles
- Récipients ou bocaux dotés de couvercles

Comment procéder :

1. Mélangez les ingrédients secs dans le bol.
2. Ajoutez les huiles essentielles, quelques gouttes à la fois, et mélangez soigneusement.
3. Conservez les sels de bain dans des récipients hermétiques pour éviter l'humidité.
4. Pour les utiliser, versez-en environ 250 g dans le bain pendant que l'eau coule.

Sels de bain sérénité

Les sels sont parfaits pour détendre les muscles surmenés. Les herbes et les huiles contenues dans ces sels de bain sont excellentes pour l'esprit et l'âme épuisés. Qui n'a pas besoin d'un peu de sérénité après une longue semaine ? Cette recette produit environ 300 g de sels.

Vous avez besoin de :

- Améthyste
- 190 g de gros sel
- 90 g de sel d'Epsom
- 30 g de bicarbonate de soude
- Bol moyen
- 2 cuillères à soupe de fleurs de lavande séchées
- 2 cuillères à soupe de pétales de rose séchés
- 8 gouttes d'huile essentielle de lavande
- 6 gouttes d'huile essentielle de jasmin
- Pot en verre doté d'un couvercle

Comment procéder :

1. Purifiez l'améthyste selon votre méthode préférée (voir chapitre 1).
2. Mélangez les sels et le bicarbonate de soude dans un bol moyen. Ajoutez les fleurs séchées et mélangez.
3. Incorporez les huiles essentielles, quelques gouttes à la fois, et mélangez bien.
4. Placez l'améthyste au fond du bocal. Versez les sels de bain pardessus et fermez le bocal.
5. Centrez-vous et ancrez-vous. Prenez le pot dans vos mains et attirez l'énergie de la Terre vers votre centre, puis le long de vos bras vers le pot que vous tenez dans vos mains. Visualisez-le étincelant d'énergie. Lorsque vous sentez qu'il a été chargé, arrêtez-vous. Posez-le et laissez l'énergie que vous avez aspirée retomber dans la terre. Secouez vos mains pour les débarrasser de tout excès d'énergie.
6. Pour l'utiliser, versez-en environ 250 g de sels de bain dans la baignoire pendant que l'eau coule.

Poudre de bain au lait

Le lait contient de l'acide lactique qui adoucit la peau. L'amidon de maïs apaise et soulage la peau sèche et les démangeaisons. En magie, le lait est associé à l'alimentation, à la longévité et à la guérison. Le sel possède une énergie purifiante et protectrice. La farine d'avoine, facultative, rend le bain encore plus soyeux. Cette recette permet de préparer de la poudre pour trois bains.

Vous avez besoin de :

- 190 g de lait en poudre
- 60 g de sel d'Epsom
- 60 g de fécule de maïs
- 60 g de bicarbonate de soude
- 60 g de farine d'avoine (facultatif)
- Bol moyen
- 10 gouttes d'huile(s) essentielle(s) de votre choix
- Bocal en verre équivalent doté d'un couvercle
- Étiquette et stylo ou marqueur

Comment procéder :

1. Mélangez les ingrédients secs dans le bol. Ajoutez la ou les huiles essentielles et mélangez bien.
2. Conservez le mélange dans un bocal et étiquetez-le en indiquant la date à laquelle vous l'avez préparé.
3. Pour l'utiliser, versez environ 125 g de poudre dans le bain. Passez votre main dans l'eau pour disperser et dissoudre le mélange.

Conseil :

- Si vous êtes intolérante au lactose, vous pouvez utiliser du lait de chèvre en poudre. Si vous êtes vegan, utilisez du lait végétal ; ils n'auront pas les mêmes effets physiques que l'acide lactique, mais tous apportent les associations magiques de protection et de santé. Conservez le mélange au réfrigérateur.

Bain de lait à la menthe et à la lavande

La lavande est apaisante et excellente pour une purification douce. La menthe est un bon purificateur et favorise la santé et la réussite.

Vous avez besoin de :

- 190 g de lait en poudre
- 60 g de sel d'Epsom
- 60 g de fécule de maïs
- 60 g de bicarbonate de soude
- 60 g de farine d'avoine (facultatif)
- Bol moyen
- 10 gouttes d'huile(s) essentielle(s) de votre choix
- 1 cuillère à soupe de fleurs de lavande séchées, grossièrement broyées
- 1 cuillère à soupe de menthe séchée émiettée
- Pot en verre équivalent doté d'un couvercle
- Étiquette et stylo ou marqueur

Comment procéder :

1. Mélangez les ingrédients secs dans le bol. Ajoutez la ou les huiles essentielles et mélangez bien.
2. Incorporez la lavande et la menthe au mélange. Placez vos mains au-dessus du pot, et dites : « *Puissances de la lavande et de la menthe, bénissez ce bain avec santé, paix et purification. Qu'il en soit ainsi.* »
3. Conservez le mélange dans un bocal et étiquetez-le avec la date à laquelle vous l'avez préparé.
4. Pour l'utiliser, versez environ 125 g de poudre dans le bain. Passez votre main dans l'eau pour disperser et dissoudre le mélange.

Bain de lait au miel

Le miel est associé à l'immortalité, la guérison, le bonheur, la beauté et l'abondance. Le miel est apaisant et nourrissant pour la peau. Les amandes sont également associées à l'abondance, ainsi qu'à la sagesse et à la guérison. La camomille possède une énergie de guérison et de paix, et la lavande est utilisée pour la paix et la purification. Pour un plaisir supplémentaire, massez doucement votre visage avec du miel, comme un masque, pendant que vous profitez de ce bain de lait au miel. Ensuite, rincez-le à l'eau chaude en effectuant de légers mouvements circulaires.

Vous avez besoin de :

- 190 g de lait en poudre
- 60 g de sel d'Epsom
- 60 g de fécule de maïs
- 60 g de bicarbonate de soude
- 60 g de farine d'avoine (facultatif)
- Bol moyen
- 10 gouttes d'huile(s) essentielle(s) de votre choix
- 2 cuillères à café d'huile d'amande douce
- 1 cuillère à café de poudre ou de cristaux de miel
- 1 cuillère à café de pétales de rose séchés et broyés
- 1 cuillère à café de fleurs de lavande séchées et broyées
- Pot en verre avec couvercle
- Étiquette et stylo ou marqueur

Comment procéder :

1. Mélangez les ingrédients secs dans le bol. Ajoutez la ou les huiles essentielles et mélangez bien.
2. Incorporez l'huile d'amande douce, le miel en poudre, les pétales de rose et les fleurs de lavande.

3. Centrez-vous et ancrez-vous. Prenez le pot dans vos mains, et dites : « *Je fais appel à l'énergie du miel, de l'amande, de la rose et de la lavande pour m'apporter la paix et la guérison. Qu'il en soit ainsi.* »
4. Conservez le mélange dans un bocal et étiquetez-le avec la date à laquelle vous l'avez préparé.
5. Pour l'utiliser, versez environ 125 g de poudre dans le bain. Passez votre main dans l'eau pour disperser et dissoudre le mélange.

Soins de la peau

Prendre soin de soi consiste en partie à s'assurer de répondre à nos besoins essentiels en matière d'alimentation, d'hygiène, de sommeil, etc. Parfois, on néglige notre corps, souvent parce qu'on est mal à l'aise. Lui accorder plus d'attention, l'honorer et le respecter est une manière de s'occuper de soi. Fabriquer cet agréable beurre corporel permettra d'hydrater votre peau, mais aussi de vous donner un peu d'amour.

Beurre corporel

Boire suffisamment d'eau pour hydrater votre corps de l'intérieur est un objectif fondamental pour votre santé. Ce beurre corporel soyeux est une belle façon de s'offrir également une peau bien nourrie de l'extérieur. Veillez à laisser refroidir le mélange fondu et fouettez-le pour obtenir un beurre moelleux.

Vous avez besoin de :

- 50 g de beurre de karité
- 50 g de beurre de cacao
- 60 ml d'huile de coco
- Bol en verre
- Casserole moyenne remplie de ⅓ d'eau
- Baguette en bois
- 60 ml d'huile d'amande douce
- 10 gouttes d'huile(s) essentielle(s) de votre choix (facultatif)
- Fouet
- Pot en verre doté d'un couvercle

Comment procéder :

1. Mettez les beurres et l'huile de coco dans le bol en verre.
2. Placez le bol sur la casserole et faites chauffer à feu moyen jusqu'à ce que l'eau frémisse. Remuez régulièrement les beurres et les huiles jusqu'à ce qu'ils soient bien fondus. Retirez du feu.
3. Incorporez l'huile d'amande douce.
4. Placez le bol au réfrigérateur pendant environ une heure, puis vérifiez que le mélange devient opaque. Recherchez une texture semblable à celle de la cire molle. Si le mélange se solidifie trop, laissez-le dehors pendant un moment pour le réchauffer.
5. Sortez le bol du réfrigérateur et ajoutez les huiles essentielles, si vous en utilisez. Battez le mélange refroidi jusqu'à ce qu'il soit léger et mousseux et qu'il reste sur le fouet.
6. Versez le beurre fouetté dans un bocal en verre, fermez-le et étiquetez-le en indiquant la date.
7. Pour l'utiliser, déposez une noisette de beurre sur votre doigt et appliquez-le sur votre peau. Une petite quantité suffit. Il peut sembler gras au début, mais il pénètre rapidement.
8. Si le beurre durcit, faites-le fondre à nouveau avec un peu plus d'huile d'amande douce, puis répétez le processus de refroidissement en le fouettant.

Conseil :

- Vous pouvez utiliser d'autres beurres ou huiles pour préparer ce mélange. Pensez simplement à remplacer les solides par des solides et les liquides par des liquides ! Par ailleurs, le beurre de karité peut avoir une odeur assez forte s'il n'est pas raffiné. Si c'est le cas, voici quelques options : diminuez la quantité de beurre de karité et augmentez celle de beurre de cacao proportionnellement ou remplacez-le par un autre beurre, comme le beurre de mangue ou de kokum. Vous pouvez également substituer à l'huile d'amande douce d'autres huiles légères, comme l'huile de jojoba, de chanvre, de tournesol ou de pépins de raisin.

Beurre corporel sérénité

Ce mélange magique de beurre corporel exploite les énergies apaisantes du jasmin, de la rose et de l'ylang-ylang pour favoriser l'équilibre et la paix. La bougie bleu pâle, l'améthyste, le jade et la pierre de Lune employés pour le bénir encouragent la paix et calment le stress.

Vous avez besoin de :

- 1 recette de beurre corporel
- 4 gouttes d'huile essentielle de jasmin
- 4 gouttes d'huile essentielle de rose
- 2 gouttes d'huile essentielle de lavande
- Bougie bleu pâle et bougeoir
- Allumettes ou briquet
- Améthyste
- Jade
- Pierre de Lune

Comment procéder :

1. Préparez le beurre corporel comme dans la recette précédente avec les huiles de jasmin, de rose et de lavande.
2. Une fois le beurre corporel magique terminé et versé dans le récipient, apportez-le dans votre espace de travail. Placez la bougie au centre, déposez le récipient de beurre devant elle et disposez les trois pierres en demi-cercle devant le récipient.
3. Allumez la bougie bleu pâle, et dites :

   Esprits de sérénité,
   Je vous invite ici.
   Donnez à ce beurre votre paix, votre calme.
   Que je sois bénie par vous chaque fois que je l'utilise.

4. Touchez l'améthyste, et dites : « *Améthyste, j'invoque ton calme. Prête-le à ce beurre.* »
5. Touchez le jade, et dites : « *Jade, j'invoque ta tranquillité. Prête-la à ce beurre.* »
6. Touchez la pierre de Lune, et dites, « *Pierre de lune, j'invoque ta paix. Prête-la à ce beurre.* »
7. Asseyez-vous à votre espace de travail avec les yeux fermés, en respirant profondément, en sentant le calme autour de vous. Lorsque vous ressentez que c'est le moment, vous pouvez éteindre la bougie et partir, ou laisser la bougie se consumer complètement pour continuer à charger le beurre.

Un sommeil réparateur

Pour réduire le stress et prendre soin de son corps, il est essentiel de dormir suffisamment. Plus facile à dire qu'à faire! Votre esprit peut vous tenir éveillé longtemps après l'extinction des feux, saboter un sommeil réparateur ou vous empêcher d'atteindre un sommeil suffisamment profond.

En optimisant les bienfaits du sommeil, vous réduirez votre tension artérielle, régulerez votre appétit et améliorerez votre concentration et votre productivité. Une routine fiable à l'heure du coucher peut aider votre esprit à se calmer et vous permettre de vous endormir plus facilement. Voici une liste de conseils simples liés au sommeil :

- Mangez léger le soir.
- Nettoyez votre visage et pensez à l'hydrater.
- Prenez un moment pour réfléchir à votre journée, en écrivant dans votre journal si vous le souhaitez. (Voir le rituel de fin de journée au chapitre 4).
- Éloignez votre téléphone et votre tablette au moins une demi-heure avant l'extinction des feux. Si vous voulez lire, optez pour un livre physique, ce qui engagera votre cerveau d'une manière différente.
- Favorisez le calme dans votre chambre et veillez à garder des draps frais. Passez l'aspirateur dans la pièce et rangez les surfaces planes pour créer une atmosphère aussi peu chaotique que possible. (Pour en savoir plus sur l'entretien de votre maison, consultez le chapitre 5).

Voir également l'exercice de la Prière du soir au chapitre 4 pour améliorer la façon d'aborder l'heure du coucher.

La sieste et ses alternatives

Comme beaucoup d'autres pratiques pour prendre soin de soi, la sieste suppose que vous disposiez d'assez de temps et d'espace. On dit souvent qu'une sieste suffit à rendre plus productif et qu'un petit somme peut revigorer et aider à retrouver sa clarté mentale.

Mais cela ne fonctionne pas toujours. Si vous souffrez d'anxiété ou de troubles du sommeil, faire une sieste est difficilement envisageable. Heureusement, il existe des alternatives. Des recherches récentes ont montré que le fait de s'allonger pendant 20 minutes peut avoir les mêmes effets bénéfiques qu'une vraie sieste, ce qui est une excellente nouvelle pour ceux qui ont du mal à s'endormir.

Il y a aussi des moments où une sieste peut être préjudiciable. Si vous avez une hygiène du sommeil stricte, les siestes ne sont pas recommandées, car elles peuvent perturber le rythme de votre corps au point que votre nuit soit déréglée. Il vous faudra des jours pour vous en remettre. Alors que faire à la place de la sieste ?

- Méditez. Essayez l'un des exercices de méditation respiratoire ou une méditation de pleine conscience du chapitre 4.
- Une brève promenade à l'extérieur peut vous aider à vous vider la tête et vous remonter le moral grâce au changement d'environnement et à l'air frais, mais aussi au fait que le sang circule dans vos muscles et que vous respirez plus profondément que si vous étiez assise chez vous.

Améliorer la qualité de votre sommeil garantit un regain d'énergie bénéfique. Les baumes et les sprays d'ambiance ou pour le linge permettent d'exploiter le pouvoir des huiles essentielles afin de vous aider à vous détendre et à créer une atmosphère propice au sommeil.

Baume du sommeil

Le baume du sommeil peut être appliqué partout, notamment sur l'intérieur des poignets, les tempes, l'intérieur des coudes. Les huiles qu'il contient favorisent la relaxation et aident à calmer un esprit préoccupé, vous permettant ainsi de vous endormir plus facilement.

Vous avez besoin de :

- Petite casserole à moitié remplie d'eau
- 2 cuillères à soupe d'huile d'olive
- 1 cuillère à soupe d'huile de coco
- 1 cuillère à soupe de cire d'abeille (râpée ou en granulés)
- Bocal en verre propre
- Baguette en bois
- 10 gouttes d'huile essentielle de lavande
- 10 gouttes d'huile essentielle de camomille
- 5 gouttes d'huile essentielle de bergamote
- 3 gouttes d'huile essentielle d'orange douce
- 2 gouttes d'huile essentielle d'ylang-ylang
- Pot(s) ou récipient(s) de stockage en verre

Comment procéder :

1. Placez la casserole sur le feu de la cuisinière, portez l'eau à ébullition et maintenez à feu moyen.
2. Versez les huiles d'olive et de coco et la cire d'abeille dans le bocal en verre. Placez-le dans l'eau frémissante pour faire fondre le contenu. Utilisez une baguette pour remuer, ou tenez délicatement le bord du pot et faites tourner le contenu pour l'aider à fondre et à se mélanger.
3. Lorsque la cire d'abeille a fondu et qu'elle s'est bien mélangée aux huiles, éteignez le feu et retirez le bocal de la casserole.
4. Ajoutez les huiles essentielles et mélangez à nouveau.

5. Ouvrez votre/vos récipient(s) de stockage. Versez délicatement le baume liquide et, si nécessaire, essuyez le bord du récipient avec une serviette en papier.
6. Laissez les récipients refroidir et le baume se solidifier. Moins vos récipients sont profonds, plus ce sera rapide.
7. Couvrez les récipients et conservez-les dans un endroit frais et sec. Ce baume du sommeil se conserve environ six mois.

Brume de sommeil

Ce mélange d'huiles est conçu pour être diffusé avec un spray sur votre lit. Diffusez-le environ 10 minutes avant de vous coucher, afin que les draps ne soient pas humides.

Vous avez besoin de :

- Flacon pulvérisateur
- 250 ml d'eau distillée
- 30 gouttes d'huile essentielle de lavande
- 10 gouttes d'huile essentielle de camomille
- 8 gouttes d'huile essentielle d'ylang-ylang

Comment procéder :

1. Remplissez presque entièrement le flacon pulvérisateur avec l'eau distillée.
2. Ajoutez les huiles essentielles et rebouchez le flacon. Faites-le tourner doucement pour mélanger le tout.
3. Pour l'utiliser, repliez les draps. Secouez doucement le flacon pour remélanger la solution. Vaporisez les draps avec la brume de sommeil, mais ne les saturez pas ; laissez la brume se déposer sur le tissu. Attendez quelques minutes que les draps sèchent (vous pouvez pratiquer votre routine du coucher), puis profiter de l'odeur apaisante des huiles.

Chapitre 4

Bien-être spirituel

Le self-care spirituel est le processus qui consiste à nourrir notre quête de sens dans la vie, généralement en interagissant avec une forme supérieure de pouvoir ou d'énergie. Si beaucoup d'entre nous reconnaissent que la spiritualité fait partie de notre vie, peu sont ceux qui admettent que leur vie spirituelle et leur relation avec le Divin ou le sacré ont besoin d'être entretenues, à l'instar des relations entre les gens. Ce chapitre explore les méthodes permettant de vous engager dans cette relation en explorant la créativité, la célébration du Divin et votre connexion avec les éléments qui vous entourent.

Bien-être spirituel

Votre vie spirituelle est également une source de bien-être. Le fait d'être en lien avec le Divin, de communier avec l'Univers au sens large peut être très réconfortant, vous apaiser, vous donner de l'énergie, vous inspirer et vous élever, selon ce dont vous avez besoin... ou ce dont l'Univers pense que vous avez besoin.

Si vous pratiquez une religion, vous bénéficiez du type de soutien spirituel qui accompagne naturellement un groupe de personnes qui se rencontrent régulièrement et suivent un ensemble de rituels issus d'un calendrier particulier. En revanche, si vous suivez une voie spirituelle personnelle, où si votre spiritualité évolue en fonction de vos expériences individuelles, vous êtes davantage responsable de la direction que prend votre chemin d'éveil. Ce type de chemin spirituel dépend d'une réflexion assidue et de l'écoute de l'intuition.

La spiritualité doit être joyeuse et festive. Si vous avez l'impression qu'il vous manque quelque chose, que quelque chose ne vous convient pas ou que vous êtes malheureuse dans votre pratique spirituelle, alors vous devez absolument réévaluer votre pratique afin de la rendre aussi alignée que possible.

Les dieux

Si vous suivez un chemin spirituel alternatif basé sur la nature, il y a de fortes chances qu'il soit lié à celui des païens (ou néopaïens). Bien qu'il ne soit pas nécessaire d'être païen pour pratiquer la magie, un grand nombre de pratiquants s'identifient en tant que païens, et c'est ce dont il est question dans cette section.

Vous vous identifiez comme adepte d'une religion monothéiste ou d'une voie alternative établie, avec une ou plusieurs divinités clairement spécifiées qui lui sont associées, ou peut-être des entités puissantes telles que des saints, des bodhisattvas ou des anges? N'hésitez pas à les appeler pour bénir et/ou pour soutenir votre travail.

Une relation avec un aspect du Divin, qu'il s'agisse d'une forme divine spécifique ou d'une abstraction, peut s'avérer profondément épanouissante. Mettre un visage ou un nom sur la puissance magique et divine qui anime l'Univers peut être très thérapeutique et faciliter votre relation avec l'Univers en général.

L'adoration en fait partie, mais ce n'est pas de l'autosoumission; c'est une célébration joyeuse de la divinité. Il s'agit d'honorer la relation riche et complexe que vous entretenez avec une divinité par la communication, la méditation, l'alignement sur les valeurs de la divinité et les domaines de pouvoir associés.

Une relation avec une divinité n'est pas différente des relations avec des êtres humains ou créatures sensibles. Elle demande du temps, de l'attention et de la conscience. Comme dans le cas des relations, nous sommes parfois emportés par une connexion instantanée, mais il faut du temps pour apprendre à connaître quelqu'un.

La relation avec une divinité peut ne pas durer toute une vie. Il arrive que votre lien avec une divinité s'estompe, ou il est peut-être temps pour vous de travailler avec une divinité particulière. Veillez simplement à a ce que votre relation se termine correctement et qu'elle ne s'étiole pas par manque d'effort de votre part.

Si vous vous sentez appelée par des divinités ou attirée par elles mais que vous vous sentez mal à l'aise avec elles, il est tout à fait normal de les remercier et de dire non, poliment et respectueusement. Essayez de rechercher des divinités associées ou des divinités similaires dans d'autres cultures.

Vous apprendrez à connaître les divinités en méditant, en lisant sur elles ou en vous familiarisant avec leurs domaines associés. La divinité qui vous attire est liée aux récoltes? Essayez de travailler dans un jardin ou d'initier un projet qui l'honore. Parlez-leur simplement. Essayez d'ajouter une brève prière le matin ou le soir pour reconnaître leur présence dans votre vie (comme « Seigneur, aide-moi à traverser ma journée » ou « Belle Lune, merci de bénir ce jour »).

Outre les sources d'énergie naturelle (comme les cristaux et les pierres, les fleurs et les herbes, les énergies élémentaires, etc.), en magie, on fait souvent appel à l'énergie des divinités ou d'une forme de divinité. La magie populaire entre ainsi dans le domaine de la magie religieuse. Vous n'êtes pas obligée de pratiquer l'une ou l'autre de manière exclusive.

Travailler avec l'énergie divine induit une relation personnelle avec la divinité en question. Il serait impoli d'invoquer une divinité pour qu'elle apporte son aide si vous n'avez jamais pris la peine de vous présenter ou de cultiver une relation entre vous, n'est-ce pas ? La relation doit toujours être fondée sur un profond respect.

Si vous travaillez avec des formes génériques de divinités, telles que le Dieu et la Déesse, vous aurez un peu plus de latitude, celles-ci contenant des multitudes d'expressions diverses de l'aspect masculin ou féminin du Divin. Il est toutefois poli de se déclarer auprès des formes-dieux, et une relation personnelle est vivement recommandée. Si vous envisagez de travailler ou d'invoquer une divinité particulière, prenez le temps de vous présenter avant de l'appeler. Faites des recherches sur la divinité et renseignez-vous sur sa culture ou son origine, sur ce qu'elle aime et n'aime pas, sur ses domaines d'association, afin de vous familiariser avec elle autant que possible.

Pour la magie liée au bien-être, travaillez avec les déités associées à des domaines tels que le foyer et la maison, la santé et la protection. En voici quelques exemples :

- Apollon (grec) : guérison, illumination, raison
- Brigid (celte) : foyer, guérison
- Déméter (grecque) : abondance, cycles, ménage
- Durga (hindou) : protection, force

- Eir (nordique) : guérison
- Frigga (nordique) : foyer et ménage, protection
- Idunn (nordique) : longévité, bonne santé.
- Isis (égyptienne) : guérison, protection
- Kuan Yin (bouddhiste) : compassion, miséricorde, santé
- Minerve (romaine) : sagesse, stratégie

Les animaux

Les énergies animales peuvent également être invoquées pour renforcer les sorts ou améliorer les rituels. Si vous vous sentez attirée par un animal en particulier ou connectée à lui, il peut s'agir d'un gardien spirituel. Parfois, vous invoquerez délibérément un animal dans un sort en raison de ses associations magiques avec votre objectif, et vous demanderez que l'animal prête son énergie pour vous aider et apprendre d'elle et des leçons qu'il peut vous enseigner. Dans ce cas, l'animal est comme un enseignant spirituel.

Comme pour les divinités, il est important de savoir que les relations avec les esprits animaux peuvent ne pas durer toute la vie. Il peut arriver que votre lien avec un animal spécifique s'estompe et vous libère (ou vous le libérez). Remerciez-le pour ses leçons.

Les animaux associés à la sérénité, à l'harmonie, au calme, à la santé, à la protection et à d'autres domaines du self-care sont les suivants :

- Ours : conservation de l'énergie, soins
- Grue : patience, guérison, équilibre
- Cerf : famille, gentillesse, paix
- Colombe : paix, calme
- Libellule : harmonie, changement

- Renard : contournements des complications, discrétion, retrait
- Colibri : joie, espoir
- Papillon de nuit : transformation
- Loutre : joie, jeu
- Hibou : sagesse, perspicacité, honnêteté envers soi-même
- Écureuil : débrouillardise, prudence, équilibre
- Cygne : transitions, paix, évolution spirituelle

Invocation d'un animal et rituel pour l'honorer

Parfois, pour vous aider à prendre soin de vous, vous pouvez inviter l'esprit d'un certain animal à vous aider. Si vous êtes attirée par un animal qui n'est généralement pas associé à une énergie liée au bien-être, faites des recherches sur son comportement, son habitat et son cycle de vie. Vous découvrirez peut-être quelque chose qui résonne avec un aspect du self-care que vous recherchez.

Ce rituel nécessite une représentation. Il peut s'agir d'une petite figurine, d'une carte postale, voire d'une photo imprimée. Pour renforcer la relation énergétique que vous cherchez à créer, rassemblez d'autres objets qui vous rappellent l'animal ou qui le représentent d'une manière ou d'une autre. Envisagez peut-être de créer un petit sanctuaire quelque part.

Vous avez besoin de :

- Représentation de l'animal que vous souhaitez invoquer
- Petit plat d'eau fraîche

Comment procéder :

1. Centrez-vous et ancrez-vous.
2. Visualisez l'animal debout devant vous. Dites :

   [Nom de l'animal], je fais appel à toi.
   Je te demande de me prêter ton énergie
   Pour que je puisse profiter d'une vie meilleure,
   douce, en sécurité, et soutenue.
   En signe de cette demande,
   Je t'offre cette eau fraîche,
   Symbole de vie, de transformation et de purification.
   [Animal],
   Bénis-moi de tes dons.
   Qu'il en soit ainsi.

3. Prenez la représentation de l'animal dans vos mains et visualisez-le devant vous en train de vivre dans la représentation. Placez-la derrière le bol d'eau.
4. Le lendemain, versez l'eau (offrez-la à une plante!) et placez la représentation de l'animal dans un endroit où vous la verrez souvent et où vous vous souviendrez de l'énergie de l'animal.

Offrandes

Si vous travaillez avec des divinités, des animaux ou d'autres esprits, et que vous leur demandez de l'aide, le concept d'échange est important. Vous ne les payez pas pour leur travail, une offrande est un gage de votre affection. Il peut s'agir d'une jolie pierre, d'une fleur, d'une tasse de lait, de miel ou d'alcool, ou d'un biscuit laissé à l'extérieur ou sur votre lieu de travail. Il est également courant de brûler une bougie ou de l'encens en l'honneur de la personne qui vous a aidé. Si vous travaillez souvent avec un animal en particulier, il serait peut-être approprié de faire un don à une organisation de sauvetage ou à une réserve naturelle qui se consacre à l'animal lui-même ou à son habitat.

Que fait-on de la nourriture après avoir fait une offrande ? Selon la théorie générale, l'essence ou l'énergie de l'offrande est absorbée par l'entité et vous pouvez vous débarrasser des restes physiques dès le lendemain.

Communauté spirituelle

Vous n'appartenez peut-être pas à une communauté spirituelle établie qui vous offre un soutien, quelle que soit la voie que vous avez choisie. Ce n'est pas inhabituel à notre époque. Essayez de trouver une communauté partageant les mêmes idées, qui soutient la santé par d'autres moyens et qui respecte votre voie spirituelle, même si elle ne la suit pas avec vous.

Consultez également des sites Internet et recherchez des groupes locaux sur les réseaux sociaux pour vous joindre à ceux qui correspondent à vos centres d'intérêt.

Découvrir vos croyances spirituelles

Les rituels suivants vous aideront à découvrir, définir, explorer et développer vos croyances spirituelles.

Vision board spirituel

Comme pour le tableau de visualisation du chapitre 2, cette activité vous aidera à planifier et à rester inspirée grâce à des citations, des images et d'autres sources qui nourriront votre pratique spirituelle. Lorsque vous créez un tableau de visualisation et que vous le placez dans un endroit où vous le regardez souvent, vous pratiquez ainsi de courts exercices de visualisation tout au long de la journée.

Ce tableau doit avoir un objectif plus spécifique que votre tableau général de bien-être. Votre *vision board* spirituel doit vous motiver et vous inspirer à travailler pour atteindre la qualité de vie spirituelle dont vous souhaitez profiter.

Voici quelques concepts qui pourraient vous inspirer au moment de le concevoir :

- La nature.
- Votre engagement envers la Terre.
- Les animaux de pouvoir, les esprits des animaux.
- Les représentations du Divin.
- Les représentations d'abstractions et d'idéaux qui vous inspirent pour être meilleure.

Vous pouvez utiliser un tableau de liège ou un panneau d'affichage, ou réutiliser un cadre que vous avez déjà en remplaçant le contenu par du papier cartonné vierge.

Encore une fois, demandez-vous si vous voulez que ce tableau soit permanent ou s'il s'agit d'une évolution continue qui reflète celle de vos besoins en matière de soins spirituels.

Vous avez besoin de :

- Tableau
- Stylos ou feutres
- Papier cartonné vierge
- Photos, souvenirs et images qui soutiennent ou évoquent vos objectifs spirituels
- Colle, ruban adhésif ou punaises
- Ruban adhésif décoratif, autocollants, et autres (facultatif)

Comment procéder :

1. Rassemblez votre matériel.
2. Si vous le souhaitez, utilisez le rituel d'écriture du chapitre 1 pour préparer l'activité, avec la bougie et l'encens. Sinon, créez une ambiance agréable pour travailler : réglez l'éclairage, mettez de la musique relaxante ou motivante, etc.
3. Réalisez votre tableau. Souhaitez-vous laisser de l'espace entre les éléments visuels ou voulez-vous qu'ils se chevauchent ? Décidez également si vous voulez remplir complètement le tableau ou laisser de la place pour ajouter de nouvelles choses au fur et à mesure qu'elles prennent de l'importance dans votre vie spirituelle.
4. Écrivez une affirmation, une courte liste de déclarations ou d'objectifs spirituels sur le morceau de papier cartonné et placez-le sur le tableau.
5. Disposez les photos et/ou les autres éléments autour de l'affirmation ou de la liste, sans les attacher. Lorsque vous avez choisi votre disposition, fixez vos éléments au tableau avec de la colle, du ruban adhésif ou des punaises. Utilisez des autocollants ou d'autres éléments décoratifs pour enrichir votre tableau.
6. Affichez votre *vision board* spirituel à l'endroit de votre choix.

Conseil :

- Passez en revue votre *vision board* spirituel au moment où vous faites le point sur votre spiritualité (voir plus loin dans ce chapitre). Il vous rafraîchira la mémoire ou vous aidera à évaluer votre réaction émotionnelle actuelle face à des représentations de ce que vos valeurs ou vos centres d'intérêt étaient lorsque le tableau a été créé.

Rituel pour vous connecter à votre monde

Il ne s'agit pas seulement de rester ouverte à ce que l'Univers peut vous apporter. C'est peut-être difficile à croire, mais ce que vous pouvez offrir en retour à l'Univers et au monde qui vous entoure est tout aussi important. Lancez ce sort dans un endroit où vous vous sentez connectée au monde qui vous entoure, que ce soit une forêt, un champ, une rue animée... Faites-le partout où vous vous sentez en harmonie avec l'Univers.

Comment procéder :

1. Centrez-vous et ancrez-vous.
2. Dites :

> *Esprit de l'Univers, aide-moi à maintenir ma connexion*
> *avec l'énergie au-delà de moi-même.*
> *Aide-moi à rester ouverte au Divin dans le monde qui m'entoure.*
> *Puissé-je être réceptive à la joie et à l'amour qui affluent vers moi.*
> *Que ce canal reste ouvert et libre,*
> *Que je puisse à mon tour partager avec l'Univers ce qui est*
> *unique en moi.*
> *Que notre danse se poursuive toujours.*
> *Qu'il en soit ainsi.*

Rituel pour revisiter vos croyances spirituelles

S'accrocher à des croyances et pratiques spirituelles dépassées est un gaspillage d'énergie. Faire quelque chose parce qu'on l'a toujours fait signifie que l'on agit sans réfléchir. Il est sain d'examiner vos croyances, valeurs et pratiques spirituelles afin de rester concentrée sur ce qui a du sens pour vous et de diriger votre énergie de la manière la plus productive et la plus favorable à votre quête d'autonomie.

Vous avez besoin de :

- Allumettes ou briquet
- Encens de méditation (votre parfum ou mélange préféré) et encensoir
- Bougie blanche et bougeoir
- Journal et stylo

Comment procéder :

1. Centrez-vous et ancrez-vous.
2. Allumez l'encens, allumez la bougie, et dites : « *Bénissez mon autoréflexion. Que l'examen de ma vie spirituelle soit honnête et ouvert, et me guide dans la direction de mon plus grand bien. Qu'il en soit ainsi.* »
3. Méditez sur les questions suivantes :
    - Quelles sont vos valeurs actuelles ?
    - Comment vous sentez-vous vis-à-vis de l'expression de votre spiritualité ?
    - Si vous travaillez avec une (ou plusieurs) divinité(s), sentez-vous toujours que votre énergie résonne avec la leur ?
    - Vous sentez-vous attirée par l'exploration de nouveaux domaines d'expression spirituelle ?
    - La pratique de certains éléments de votre spiritualité vous semble-t-elle superficielle ?
    - Quels sont les éléments de votre pratique que vous préférez et qui vous apportent encore du réconfort ou de la joie ?

4. Prenez des notes dans votre journal pendant que vous réfléchissez. Notez tout ce que vous ressentez.
5. Si c'est la première fois que vous faites le point sur votre pratique spirituelle, regardez vos réponses et méditez dessus. Y a-t-il quelque chose que vous devez arrêter de faire ? Y a-t-il quelque chose de nouveau à intégrer ? Notez votre plan. S'il s'agit d'une évaluation de suivi, regardez votre plan et vos réponses précédentes et demandez-vous comment les changements se sont déroulés. Qu'est-ce qui a été un succès ? Qu'est-ce qui a été difficile, mais finalement bénéfique ? Qu'est-ce qui a été chaotique et assez peu utile ?
6. Lorsque vous avez terminé, remerciez l'Univers pour ses conseils et laissez la bougie et l'encens s'éteindre.

Conseil :

- Utilisez votre *vision board* spirituel (si vous en avez créé un) pour vous aider. Comparez ce que vous ressentez et vos valeurs actuelles à celles exprimées sur votre tableau.

Rituels quotidiens

Prévoir de brefs moments de pause et de contact avec soi-même est un excellent moyen d'écouter vos besoins. Les activités suivantes peuvent être qualifiées de rituels, car elles sont effectuées avec conscience et intention, contrairement aux habitudes naturelles, effectuées avec régularité, mais sans conscience.

Ces rituels ne sont pas nécessairement réservés au matin ou au soir ; si vous travaillez de nuit, utilisez-les avant de commencer votre activité quotidienne, quelle que soit l'heure.

Rituel pour bien commencer sa journée

Ce rituel pour commencer votre journée vous offre la possibilité de vous ancrer et de vous préparer aux activités à venir. Il vous donne également l'occasion d'accorder ou de réaffirmer votre relation avec les éléments. Planifiez ce rituel de cinq minutes dans votre matinée lorsque vous avez besoin d'un moment de pause.

Note : Cette activité nécessite une sorte d'oracle ou de jeu de tarot. Il s'agit d'un déclencheur visuel inspirant. Si vous n'en avez pas, vous pouvez utiliser un jeu de cartes d'affirmation ou le bocal d'inspiration de ce chapitre.

Vous avez besoin de :

- Jeu de tarot ou oracle (voir note précédente)
- Allumettes ou briquet
- Encens et encensoir (parfum de votre choix)
- Bougie et bougeoir
- Petit verre ou un récipient d'eau
- Cristal de roche

Comment procéder :

1. Mélangez les cartes et placez-les sur votre espace de travail avant de commencer.
2. Centrez-vous et ancrez-vous.
3. Allumez l'encens, et dites : « *J'honore l'élément Air. Que ma journée bénéficie de sagesse et d'une communication claire.* »
4. Allumez la bougie, et dites : « *J'honore l'élément Feu. Que ma journée bénéficie de joie et de créativité.* »
5. Placez votre main au-dessus du verre ou du récipient rempli d'eau, et dites : « *J'honore l'élément Eau. Que ma journée bénéficie de sérénité et de guérison.* »
6. Touchez le cristal, et dites : « *J'honore l'élément Terre. Que ma journée bénéficie de stabilité et de prospérité.* »

7. Respirez profondément et lentement à quatre reprises en visualisant à l'inspiration chacun des quatre éléments, un par un. Dites : « *J'honore l'esprit de l'Univers, l'étincelle de vie qui remplit toutes choses. Puissé-je briller de positivité et communiquer des bénédictions à ceux qui m'entourent en ce jour.* »
8. Fermez les yeux et faites le vide dans votre esprit. Choisissez une carte sur votre espace de travail. Vous pouvez soit prendre celle qui se trouve en haut de la pile, soit couper le jeu et en prendre une à l'intérieur. Regardez l'image qu'elle présente et laissez les associations s'élever dans votre esprit. Replacez la carte face visible sur le dessus du paquet.
9. Fermez les yeux, recentrez-vous et restez à l'écoute. Dites : « *Je porte la bénédiction des éléments avec moi aujourd'hui. Que je marche en ce jour protégée et bénie. Qu'il en soit ainsi* ».
10. Frappez dans vos mains pour terminer le rituel. Soufflez la bougie et éteignez l'encens, puis poursuivez votre journée.

Conseil :

- Si vous le souhaitez, avant de terminer votre rituel du matin, notez dans votre journal la carte que vous avez tirée et écrivez à propos des associations ou de ce à quoi elle vous a fait penser. À la fin de la journée, jetez un coup d'œil dans le livret de référence associé à votre jeu et écrivez les associations traditionnelles de la carte. Y a-t-il des similitudes ? Qu'est-ce qui diffère ?

Rituel de fin de journée

Ce rituel vous donne l'occasion de revenir sur votre journée, de fermer la porte, au sens figuré, sur tout ce que vous ne voulez pas continuer et de vous préparer à vous reposer.

Vous avez besoin de :

- Allumettes ou briquet
- Bougie et bougeoir
- Journal (facultatif)
- Stylo (facultatif)

Comment procéder :

1. Centrez-vous et ancrez-vous.
2. Allumez la bougie, et dites : « *Je me réjouis de la fin de ma journée. Que ses bienfaits illuminent mon esprit.* »
3. Réfléchissez à votre journée. Vous pouvez choisir ou non d'écrire en ce sens dans votre journal. Quels en ont été les meilleurs moments ? Qu'auriez-vous souhaité voir se dérouler différemment ? De quoi êtes-vous reconnaissante ?
4. Inspirez lentement et profondément. En expirant, libérez toute la négativité de votre journée. Faites cela autant de fois que vous le jugez nécessaire.
5. Dites : « *Je remercie l'Univers pour les nombreuses opportunités qu'il m'offre et pour les leçons que je rencontre. Que mon sommeil soit réparateur et profond.* »
6. Éteignez la bougie.

Prier

La prière est une forme de communication avec ce qui vous semble plus grand que vous. Il peut s'agir de l'Univers dans son ensemble, d'une divinité spécifique ou d'une abstraction telle que l'idéal de vérité ou de paix, ou de tout ce qui semble juste pour vous.

La prière n'est pas le domaine exclusif des religions organisées. Si réciter des prières peut être un réconfort, parler avec son cœur reste tout aussi valable. La prière peut exprimer l'amour ou la gratitude, demander de l'aide, appeler à la protection ou à presque tout ce à quoi vous pouvez penser. Il s'agit d'une pratique très accessible.

Voici deux prières que vous pouvez intégrer à votre pratique spirituelle. Utilisez-les telles quelles, réécrivez-les ou créez des phrases plus personnelles !

Prière du soir

Le terme « prière du soir » peut évoquer des images d'enfants agenouillés au chevet de leur lit mais, dans le cadre du self-care, il s'agit de l'expression tendre et délicate de votre gratitude, d'une façon de tendre la main en signe d'appréciation et de se connecter doucement avant de s'endormir.

Vous pouvez dire la prière suivante dans votre cœur ou à haute voix, selon ce qui vous convient le mieux. Ne vous souciez pas de la prononcer mot pour mot, considérez-la comme une ligne directrice. Adaptez-la et développez-la selon vos besoins.

Comment procéder :

1. Installez-vous confortablement sur votre lit.
2. Fermez les yeux. Centrez-vous et ancrez-vous. Respirez profondément à trois reprises en expirant lentement.
3. Dites :

Ce jour a été béni.
Je te remercie, Univers,
Pour ces nombreuses bénédictions.
Merci de me garder en sécurité et entière,
De m'accorder compassion et perspicacité.
Merci pour les gentillesses que j'ai reçues.
Accorde-moi de beaux rêves et un sommeil réparateur,
Que je puisse être prête pour demain et m'efforcer d'être
La meilleure personne que je puisse être.
Ainsi soit-il.

Prière du matin

Commencer la journée par une prière est logique, surtout si vous aimez la terminer ainsi, cela crée un équilibre. Une prière du matin est une façon de commencer votre journée avec intention et attention.

Comment procéder :

1. Installez-vous confortablement, assise sur votre lit ou debout.
2. Fermez les yeux. Centrez-vous et ancrez-vous. Respirez profondément à trois reprises en expirant lentement.

3. Dites :

   Bénie soit cette journée.
   Que je sois en sécurité et forte.
   Accordez-moi la perspicacité et la guérison.
   Que je sois ouverte à l'amour qui circule vers moi.
   Et assez sensible pour savoir quand les autres ont besoin de mon aide.
   Accordez-moi la bonté et la compassion.
   Ainsi soit-il.

Méditation

Il est fréquent de s'entendre dire « *Vous devriez méditer* » lorsque l'on paraît stressée, ce qui est toujours frustrant. C'est comme si on vous disait que boire de l'eau pouvait améliorer votre situation. Bien sûr que oui, à un certain niveau. Mais comment aborder la méditation dans le cadre du self-care ? Et qui a le temps de faire cela de toute façon ? La méditation peut être intimidante au début, car votre nouvel état de conscience vous fait remarquer ce qui vous fait dérailler (personne ne vous juge). Certains types de méditation requièrent de maîtriser des positions et des mantras, ce qui peut sembler difficile.

Créer une atmosphère propice à la méditation peut vous aider. Essayez un encens au cèdre ou au lys et réservez-le uniquement à la méditation ; ainsi, votre esprit entrera en état méditatif plus spontanément.

L'objectif principal de la méditation est d'améliorer la conscience de soi et de faciliter la relaxation. Il s'agit d'un processus, et non d'un objectif. Elle cultive la bonté envers tous, en commençant par vous.

En évitant de vous juger pour avoir laissé des pensées entrer et sortir de votre esprit pendant la méditation, vous acceptez de n'être qu'un être humain. Cultiver la compassion, en commençant par soi, est un élément important du self-care.

Voici quelques recommandations en matière de méditation :

- Soyez à l'aise. Vous pouvez vous asseoir, mais ne vous affalez pas ; essayez de vous tenir droite. Ne choisissez pas une chaise trop molle ; optez pour une chaise droite ou asseyez-vous en croisant les jambes sur le sol. Vous pouvez également vous allonger mais, là encore, pas sur quelque chose de mou (sauf si c'est l'heure du coucher et que vous utilisez des techniques de méditation pour vous endormir). Essayez un tapis ou un tapis de yoga. Un plancher en bois peut convenir, si vous pliez une couverture ou une serviette pour la mettre sous votre tête.
- La plupart des gens trouvent cela plus facile s'ils ferment les yeux, ce qui élimine les distractions visuelles.
- Éteignez votre téléphone et fermez les fenêtres si vous entendez beaucoup de bruits gênants.
- Lorsque vous commencez, permettez-vous de faire le point sur votre corps. Que ressentez-vous ? Remarquez la sensation de vos membres contre le siège ou le sol, le poids de vos mains sur vos jambes ou repliées sur vos genoux. Détendez les muscles que vous avez contractés.
- Si votre esprit dérive, il peut être utile de vous dire que vous vous égarez et de vous rediriger doucement vers votre objectif.
- Au début, cinq minutes de méditation suffisent. Si vous devez vous arrêter plus tôt, ne vous jugez pas.
- Les professeurs de méditation recommandent souvent de méditer quotidiennement pour en tirer le maximum de bénéfices. Le faire plusieurs fois par semaine est un bon objectif.

Il existe différents types de méditation. En voici quelques-unes qui sont faciles d'accès et qui peuvent être employées pour de brèves sessions à peu près n'importe où.

Vous préparer à la méditation

La méditation nécessite une préparation rituelle. L'exécution d'une série d'actions précédant votre méditation peut améliorer et optimiser ses bénéfices, car il vous faudra ainsi moins de temps pour vous mettre dans le bon état d'esprit.

Voici quelques conseils :

- Évitez de méditer l'estomac plein. Vous vous sentirez peut-être détendue, mais vous risquez de vous endormir.
- Optez pour le même encens afin de signaler à votre corps que la méditation est sur le point de commencer.
- Méditer sur le même morceau de musique aidera aussi votre cerveau à se mettre dans l'état d'esprit qui convient.

Méditation de pleine conscience

La méditation de pleine conscience consiste à concentrer sa conscience sur le moment présent. À l'instar du self-care, qui dépend de la capacité à se connaître et à reconnaître ses besoins à tout moment, la pratique de la méditation de pleine conscience vous permet de mieux aborder votre réalité, vos pensées et votre corps tout en appréciant l'instant présent.

La méditation de pleine conscience vous permet de vous observer sans vous juger. Être attentive signifie être consciente ; aucune valeur n'est accordée aux pensées qui surgissent. Elles sont là, elles se produisent. C'est tout. Observez la pensée, puis laissez-la s'en aller sans la poursuivre. Ramenez votre esprit à ce que ressent votre corps.

Le but de cette méthode est d'apprendre à ne plus se juger soi-même ni juger les situations qui échappent à votre contrôle. Vous êtes coincée dans les embouteillages ? Remarquez-le et lâchez prise. Il n'y a rien que vous puissiez faire, et vous mettre en colère est une utilisation néfaste de votre énergie. L'anxiété à l'idée d'être en retard et de susciter la colère de votre supérieur est une réaction naturelle mais, avec la pratique de la méditation de pleine conscience, vous prendrez acte du fait que vous serez probablement en retard, puis vous évacuerez votre colère ou votre frustration. La méditation de pleine conscience peut vous aider à moins vous concentrer sur les émotions ou les schémas de pensée négatifs et à mieux contrôler vos émotions.

La pleine conscience peut vous aider à vous défaire de l'anxiété, d'un pessimisme récurrent et d'un discours négatif sur vous-même.

Méditation et respiration

La respiration consciente est une forme de méditation de pleine conscience qui utilise la respiration comme point de focalisation. Pour éviter de laisser les pensées flotter, ce type de méditation s'intéresse au rythme régulier de l'inspiration et de l'expiration, qui donne à l'esprit quelque chose sur quoi se fixer.

La façon la plus simple de pratiquer la respiration consciente est de respirer et d'observer ce qui se passe. Encore une fois, pas de jugement ni de contrôle imposé ; respirez simplement.

Une autre forme courante de respiration consciente consiste à compter pendant chaque partie du processus respiratoire. Inspirez en comptant jusqu'à deux, retenez votre souffle en comptant jusqu'à trois, puis expirez en comptant jusqu'à quatre. L'expiration lente ralentit le rythme cardiaque et calme physiquement le corps. C'est un excellent moyen de se détendre lorsque vous essayez de vous endormir.

Tandis que vous respirez, observez votre corps. Comment fonctionne la respiration ? Respirez-vous profondément à partir de votre abdomen qui se soulève et s'abaisse. Respirez-vous avec votre poitrine ? Sentez-vous votre dos se gonfler lorsque vous inspirez ? Rappelez-vous : ne jugez pas, observez simplement.

Méditation et marche

Il s'agit d'une excellente technique qui permet également de faire de l'exercice et de respirer de l'air frais, deux éléments précieux pour votre bien-être.

Avant de commencer, fermez les yeux et concentrez-vous sur le sol. Sentez la terre sous vos pieds. Notez la sensation de vos vêtements sur votre peau. Inspirez et observez la sensation de l'air lorsqu'il pénètre dans vos poumons. Expirez et relâchez toute tension dans votre corps.

Commencez à marcher. Sans juger, notez les sensations dans votre corps lorsque vous vous déplacez. Observez ce qui vous entoure ; n'y pensez pas, remarquez simplement et laissez partir. Le but de l'exercice est de profiter du moment présent, de travailler l'acceptation de soi et de ce qui se passe autour de vous, indépendamment de vous.

Méditation ciblée

La méditation ciblée est une technique où vous vous concentrez sur une chose et une seule. C'est l'antithèse du « multitâche », qui signifie que vous n'accordez pas toute votre attention à ce que vous faites simultanément, et qui donne un sentiment d'accomplissement plus fragmenté et ne contribue pas à nourrir la stabilité dont vous avez besoin pour réduire votre stress. Vous aurez l'impression d'être épuisée en jonglant avec une multitude de choses, alors qu'en faisant une chose à la fois et en prenant une courte pause avant de passer à la suivante, vous vous sentirez déjà mieux.

Vous savez peut-être que votre esprit s'éloigne de ce sur quoi vous devriez travailler parce que vous ne voulez pas dépenser l'énergie nécessaire pour vous y atteler et le faire. Quand on est fatiguée (physiquement ou mentalement) on a tendance à privilégier les choses superficielles. La méditation ciblée nous aide à réapprendre à nous concentrer sur la tâche à accomplir. Elle va de pair avec le concept de pleine conscience, essentiel en matière de self-care. Concentrer votre attention sur la tâche à accomplir (manger, lire, faire de l'exercice) vous aidera à être consciente de toutes les sensations liées à cette tâche et vous offrira la possibilité d'examiner comment vous y répondez.

Méditation ciblée : boire une tasse de thé

Dans cette activité, vous devez vous concentrer sur une tasse de thé. Cela peut sembler facile, mais boire une tasse de thé prend cinq minutes et rester assise à ne faire qu'une seule chose pendant cinq minutes pourrait s'avérer plus difficile que vous ne le pensez. Vous avez peut-être l'habitude de consulter les réseaux sociaux sur votre téléphone ou d'écouter les informations pendant que vous dégustez une tasse de thé. Ici, il s'agit uniquement de votre tasse de thé. Grâce à ce type de méditation, vous améliorerez votre capacité à vous concentrer sur une tâche.

Vous avez besoin de :

- Tasse de thé fraîchement infusé
- Journal et stylo

Comment procéder :

1. Centrez-vous et ancrez-vous.
2. Regardez la tasse de thé. De quelle couleur est le liquide à l'intérieur ? Distinguez-vous la vapeur qui monte ?
3. Placez vos mains sur la tasse. La tasse est-elle chaude ou tiède ? Le motif de la tasse est-il en relief ou plat ?
4. Soulevez la tasse. Est-elle lourde ? Comment le liquide affecte-t-il la façon dont vous la tenez lorsque vous la portez à votre bouche ?
5. Quelle est l'odeur du thé ? Notez la température de l'air que vous respirez avec la tasse près de votre visage.
6. Prenez une gorgée. Remarquez la sensation liée à la température du thé sur vos lèvres, votre langue, votre gorge lorsque vous avalez. Pensez au goût du thé.
7. Continuez à observer le thé pendant que vous le buvez. Si d'autres pensées surgissent pendant que vous savourez votre tasse de thé, reconnaissez-les, puis ramenez votre attention sur la tasse de thé. Ne suivez pas les autres pensées et ne vous sentez pas frustrée ; remarquez-les simplement et revenez au thé.
8. Lorsque votre tasse de thé est terminée, notez dans votre journal ce que vous ressentez et consignez votre expérience de cette méditation.

Infusions et thés de méditation

Boire une infusion spéciale avant de commencer votre méditation vous aidera à vous concentrer. Le simple fait de déguster une infusion lorsque vous vous préparez à méditer est une aide précieuse (surtout si vous utilisez la même tasse et le même mélange). En outre, sa chaleur est relaxante et peut représenter une méditation en soi.

Faites des recherches sur les herbes que vous avez l'intention de consommer pour vous assurer qu'elles ne sont pas contre-indiquées en combinaison avec les médicaments que vous prenez ou avec votre condition physique.

Voici quelques suggestions de mélanges d'infusions à explorer. Vous pouvez utiliser les herbes et les épices de votre jardin ou en acheter de petites quantités dans une herboristerie. Rien n'empêche d'ouvrir un sachet de menthe poivrée et un sachet de camomille et d'en mélanger le contenu selon vos envies.

Comment infuser

Les mélanges d'infusion de méditation suivants permettent d'infuser une tasse de thé. La proportion de base pour ces mélanges est la quantité donnée d'ingrédients pour une tasse d'eau bouillante. Laissez infuser les herbes pendant cinq minutes maximum, puis retirez-les de l'infusion.

Si vous utilisez des mélanges d'herbes en vrac, mettez-les dans un infuseur ou une boule à thé. Si vous n'avez ni l'un ni l'autre, mettez les ingrédients dans le fond d'une théière ou d'une tasse, laissez infuser, puis versez l'infusion à travers une passoire dans une nouvelle tasse. Vous pouvez composter les herbes après dégustation.

Essayez d'abord chaque mélange tel qu'il est écrit, puis jouez avec les quantités. Prenez des notes dans votre journal de self-care !

Tisane à la camomille

- 2 cuillères à café de camomille séchée

  Un classique ; simple mais efficace. Infusez selon les instructions standard. Ajoutez une cuillerée de miel pour une douceur supplémentaire. Si vous êtes allergique à l'ambroisie, une tisane de camomille pure peut provoquer des symptômes similaires ; dans ce cas, n'en buvez pas trop souvent et essayez de l'utiliser en association avec d'autres herbes.

Thé vert à la rose

- 2 cuillères à café de thé vert
- 1 cuillère à café de pétales de rose ou de boutons de rose séchés

  Infusez selon les instructions standard. L'ajout d'une touche citronnée, comme de la cataire fraîche, de la verveine citronnée ou de la mélisse, améliorera ce mélange.

Infusion à la camomille et à la menthe

- 1 cuillère à café de camomille séchée
- 1 cuillère à café de menthe séchée

  Infusez selon les instructions standard. Si vous le souhaitez, ajoutez une goutte ou deux de jus de citron pour l'éclaircir.

Infusion à la menthe et à la rose

- 2 cuillères à café de menthe séchée
- 1 cuillère à café de pétales de rose ou de boutons de rose séchés

- ½ cuillère à café de camomille séchée

Faites infuser selon les instructions standard. Si vous disposez de menthe fraîche, utilisez environ 2 cuillères à soupe de feuilles déchiquetées. Vous pouvez également remplacer les roses séchées par environ 3 pétales frais de taille moyenne.

Infusion au gingembre et au citron

- ¼ tranche de citron frais
- Petit morceau de gingembre frais
- ½ cuillère à café de fleurs de lavande

Coupez en quatre les tranches de citron et le gingembre et placez-les dans l'infuseur avec les fleurs de lavande. Versez une tasse d'eau bouillante sur le tout et laissez infuser cinq minutes. Vous obtiendrez une tisane de méditation stimulante, par opposition aux infusions relaxantes et calmantes plus traditionnelles. Si le gingembre est trop présent, réduisez de moitié.

Encens de méditation

L'encens est excellent pour créer une ambiance et purifier un espace afin de favoriser la relaxation, la clarté et la pleine conscience. Les mélanges présentés ici sont réalisés avec de l'encens en vrac qui sera brûlé sur des plaques de charbon de bois que l'on peut acheter dans les boutiques ésotériques ou les magasins de fournitures ecclésiastiques. Il suffit de les combiner dans un petit récipient en verre fermé et de les secouer pour les mélanger. Si un ingrédient est en morceaux (par exemple, des baies de genièvre séchées ou des aiguilles de romarin séchées), écrasez-les d'abord avec un mortier et un pilon. N'oubliez pas d'étiqueter le récipient.

Encens de méditation #1

- 3 parts d'oliban
- 2 parts de lavande séchée

Encens de méditation #2

- 3 parts de bois de santal
- 3 parts de benjoin

Encens de méditation #3

- 2 parts de bois de santal
- 1 zeste d'orange séché
- 1 part de cannelle

Encens de méditation #4

- 2 parts de bois de santal
- 1 part de pétales de rose
- 1 part de myrrhe
- 1 part de jasmin séché

Encens de méditation #5

- 2 parts d'oliban
- 2 parts de baies de genévrier séchées
- 1 part de bois de santal
- 1 part de cannelle
- 3 gouttes de patchouli

Encens de méditation #6

- 2 parts de copal
- 1 part de jasmin séché
- 1 part de lavande séchée

Encens de méditation #7

- 2 parts d'oliban
- Quelques clous de girofle
- 1 zeste d'orange séché
- 1 part de lavande séchée

Encens de méditation #8

- 1 part d'oliban
- 1 part de romarin séché

Perles de prière et de méditation

Beaucoup de gens connaissent le chapelet catholique, les malas bouddhistes et les misbahas (ou tasbih) musulmans. Pourtant, les perles de prière ne sont pas réservées aux religions. La prière est un moyen de communiquer avec l'Univers ou avec votre perception de l'esprit divin. Elle est intensément personnelle. Les prières proposées ici peuvent être modifiées afin qu'elles reflètent votre spiritualité actuelle et son évolution. Créez de nouvelles compositions de perles de prière au fur et à mesure de vos besoins. Si vous souhaitez créer un ensemble de perles de prière imprégnées d'intention et d'énergie dès le départ, vous pouvez également fabriquer les perles elles-mêmes. (Voir la création de perles roses magiques, plus loin dans ce chapitre.)

Saviez-vous que le mot *bead* (perle) en anglais moderne vient de l'anglais médiéval *bede*, qui signifie « prière » ?

Perles de prière

Voici comment créer un chapelet de perles que vous utiliserez pour la prière ou la méditation. Cet ensemble particulier associe des séries d'affirmations de self-care à chaque section des perles. La méditation fonctionne avec le chiffre trois, qui est un chiffre béni dans de nombreuses traditions magiques. Le nombre neuf correspond à trois séries de trois.

Ne choisissez pas des perles trop petites. Vous devez pouvoir les sentir entre vos doigts lorsque vous priez le long du fil. Placez de petites perles entre vos perles principales pour les séparer et pour rendre le chapelet plus fluide dans vos mains.

Remarque : les perles de prière ne sont pas nécessairement destinées à être portées. Cette composition n'est pas assez longue pour être passée en collier.

Vous avez besoin de :

- Pince coupante ou ciseaux
- Fil à perles, cordelette en nylon ou fil de lin ciré (0,15 à 0,18 mm convient à la plupart des perles)
- 1 grosse perle
- Petites perles de séparation (environ 40)
- 3 perles moyennes (couleur A)
- 1 série de 9 perles plus petites (couleur B)
- 1 jeu de 9 perles plus petites (couleur C)
- 1 jeu de 9 perles plus petites (couleur D)
- Pendentif charme ou pierre avec une boucle, un trou ou une anse
- Anneau de saut, pour attacher le pendentif
- Pince à épiler ou pince à bec
- Encens de votre choix et encensoir
- Allumettes ou briquet

Comment procéder :

1. Purifiez vos perles selon votre technique préférée (voir chapitre 1).
2. Centrez-vous et ancrez-vous.
3. Coupez une longueur d'environ 30 centimètres de fil. Faites un nœud temporaire lâche à environ 5 centimètres de l'une des extrémités. Enfilez la grosse perle pour qu'elle repose sur le nœud temporaire. Enfilez une perle de séparation juste après la grosse perle.
4. Glissez l'une des perles moyennes (couleur A) sur le fil pour qu'elle repose sur la perle de séparation après la grosse perle. Enfilez une perle de séparation pour qu'elle repose sur la perle moyenne.
5. Enfilez le premier ensemble de 9 perles (couleur B) sur le fil. Enfilez une perle de séparation après chaque perle B.

6. Placez une autre perle moyenne (couleur A) sur le fil, suivie d'une autre perle de séparation.
7. Enfilez la deuxième série de 9 perles (couleur C) sur le fil, en plaçant une perle de séparation après chaque perle.
8. Placez une autre perle moyenne (couleur A) sur le fil, suivie d'une perle de séparation.
9. Enfilez la troisième série de 9 perles (couleur D) sur le fil, en plaçant une perle de séparation après chaque perle.
10. Vérifiez votre enfilage de perles pour vous assurer que vous n'avez rien oublié dans votre motif. Lorsque vous êtes satisfaite, défaites le nœud temporaire et attachez les extrémités ensemble avec un nœud plat. Coupez les extrémités, mais laissez environ 2 centimètres sur chacune. Utilisez une pince à épiler ou une pince à bec effilé pour ramener chaque extrémité dans les perles d'un côté ou de l'autre.
11. Utilisez vos doigts, une pince à épiler ou une pince à bijoux pour ouvrir légèrement l'anneau de saut en le tournant doucement. Passez l'anneau dans le trou ou la boucle de votre pendentif, puis sur le fil entre la dernière perle de séparation et la première perle moyenne. Refermez fermement l'anneau de saut.
12. Recentrez bien vos perles, puis purifiez-les en les passant dans de la fumée d'encens, et dites : « *Je vous purifie et vous bénis, perles. Soyez pour moi un point d'attention et un soutien dans ma recherche de la plénitude et d'une vie bénie. Qu'il en soit ainsi.* »

Conseils :

- Fixez le nœud plat avec du vernis à ongles transparent.
- Rangez vos perles de prière dans un joli sac ou une jolie boîte, loin des mains étrangères et des endroits où elles pourraient capter une énergie indésirable.

Comment utiliser les perles de prière

La répétition d'affirmations étant une pratique magique, pourquoi ne pas employer l'encens et la bougie de votre journal pour accompagner cet exercice ? Cela permettra de signaler à votre psyché qu'il s'agit du même type d'activité de self-care.

Vous avez besoin de :

- Allumettes ou briquet
- Bougie et bougeoir
- Encens et encensoir
- Perles de prière (voir activité précédente)

Comment procéder :

1. Centrez-vous et ancrez-vous.
2. Allumez la bougie et l'encens.
3. Prenez le collier de perles dans vos mains et respirez lentement et profondément.
4. Commencez par le pendentif. Prenez-le, et dites : « *Je suis entière. Je me suffis. J'ai le pouvoir de façonner et de changer ma vie.* »
5. Ce jeu de perles représente la guérison. Sur la perle moyenne qui introduit ce premier lot, dites : « *Je suis entière et en bonne santé ; j'embrasse le bien-être.* »
6. Sur chacune des neuf perles plus petites de ce premier lot, dites : « *J'accueille la guérison dans tous les domaines de ma vie.* »
7. Le deuxième lot de perles représente la confiance en soi. Sur la perle moyenne qui le présente, dites : « *Je me suffis. Je porte en moi tout ce dont j'ai besoin pour réussir.* »
8. Sur chacune des 9 perles plus petites de ce deuxième lot, dites : « *J'accueille la croissance et les opportunités.* »
9. Le troisième lot de perles représente l'amour de soi. Sur la perle moyenne qui le présente, dites : « *Je suis digne d'amour, de respect et d'attention. Je mérite une belle vie.* »

10. Sur chacune des 9 petites perles de la troisième série, dites : « *J'accueille l'amour dans tous les domaines de ma vie.* »
11. Vous avez fait tout le tour du chapelet de perles, et vous êtes maintenant de retour au pendentif. Répétez l'affirmation qui a commencé la méditation : « *Je suis entière. Je me suffis. J'ai le pouvoir de façonner et de changer ma vie.* »

Fabrication de perles magiques de roses

Fabriquer des perles à partir des roses que l'on vous a offertes pour une occasion spéciale est une belle façon de lier ce plaisir et cette célébration à votre pratique magique. Voici comment transformer les pétales de roses en perles que vous emploierez dans vos prières ou vos méditations. Lorsque vous les utiliserez, la chaleur de vos mains libérera le parfum des roses. Il s'agit d'une expérience magique magnifique.

Une rose de taille normale peut présenter environ 30 pétales, ce qui donne environ une tasse lorsqu'ils sont déposés sans être tassés. Une demi-douzaine de roses donnent environ 8 tasses. Cela peut sembler beaucoup, mais les pétales réduiront beaucoup, d'abord avec la cuisson, puis après séchage. Selon la taille de vos perles, vous obtiendrez un nombre variable de perles. N'oubliez pas que les perles plus petites sèchent plus vite.

Remarque : Les couleurs des roses s'assombriront et changeront parfois au cours de la cuisson. Ne vous en préoccupez pas.

Vous avez besoin de :

- Pétales de 6 roses
- Mixeur
- Eau distillée (environ 60 ml)
- Grande casserole (évitez l'acier, essayez d'utiliser du verre ou de l'émail)
- Cuillère en bois
- Huile essentielle de rose (facultatif)
- 5 petites aiguilles à tricoter à double pointe
- Carré de polystyrène ou de mousse florale

Comment procéder :

1. Placez deux tasses de pétales dans le mixeur et ajoutez 60 ml d'eau. Mixez le tout. Ajoutez alternativement les pétales et l'eau. Attention de ne pas trop ajouter d'eau ; nous cherchons une texture pâteuse, et plus vous ajouterez d'eau, plus vous devrez en retirer par la suite.
2. Versez la pulpe dans la casserole et faites-la chauffer à feu moyen en remuant avec la cuillère en bois. Ne laissez pas le mélange bouillir ; chauffez-le simplement pour l'épaissir.
3. Lorsque la pulpe a la consistance de l'argile, retirez-la du feu et laissez-la refroidir suffisamment pour pouvoir la pétrir. Si votre argile rose n'est pas aussi parfumée que vous le souhaitez, ajoutez quelques gouttes d'huile de rose et pétrissez-la.
4. Façonnez les perles en tenant compte du fait qu'elles rétréciront de moitié après séchage. Pressez délicatement une boule sur une aiguille à tricoter de façon que la pointe sorte de l'autre côté, puis faites glisser doucement la perle vers l'extrémité de l'aiguille. Continuez jusqu'à ce que vous ayez utilisé toute la préparation pour créer des perles de la taille souhaitée. Laissez un peu d'espace entre les perles sur les aiguilles pour que l'air puisse circuler correctement entre elles.

5. Enfoncez une extrémité de chaque aiguille dans le polystyrène ou la mousse florale afin de permettre à l'air de circuler autour de toutes les perles.
6. Tous les jours ou presque, faites tourner les perles doucement ou déplacez-les d'avant en arrière sur l'aiguille pour vous assurer qu'elles ne collent pas à la surface de l'aiguille.
7. Le temps de séchage dépendra du degré d'humidité, de la quantité d'eau présente dans la pâte et de la taille des perles.
8. Lorsque les perles sont sèches, faites-les glisser hors des aiguilles. Utilisez-les pour créer des objets que vous aimez.

Conseils :

- Ces perles à base de pétales peuvent également être fabriquées avec d'autres fleurs. Recherchez les associations magiques des fleurs que vous connaissez et voyez celles que vous pouvez utiliser à des fins magiques spécifiques. Vous pouvez faire cuire différentes fleurs ensemble pour obtenir une pâte multifleur, ou les faire cuire séparément, puis combiner les perles sur votre fil lorsque vous enfilez votre nouveau jeu de perles de prière.
- Si vous n'avez pas de mixeur, un robot ménager fera l'affaire. Vous pouvez également broyer les pétales avec un mortier et un pilon en pierre, mais cela prendra plus de temps.
- Ne mouillez pas ces perles à base de fleurs, elles ne résisteront pas à l'humidité.

Vous connecter à la nature

La nature est partout autour de nous, et pourtant nous n'en sommes pas toujours conscients. C'est dommage, car elle peut vous aider à prendre soin de vous de diverses manières. Tout d'abord, la nature c'est le calme. La nature ne vous bombarde pas d'informations, de vidéos, de gros titres. Le stress est absent de la nature.

La thérapie par la nature est un moyen facile de réduire votre niveau de stress. Elle améliorera votre humeur, calmera votre esprit et vous offrira la possibilité de faire de l'exercice, si vous le souhaitez. Le fait d'être dans un environnement naturel permet de capter votre attention de manière passive et involontaire, par opposition à une application dirigée et active de l'attention et de la concentration, comme dans le travail ou la lecture. L'attention involontaire dépense moins d'énergie que l'attention dirigée, c'est pourquoi vous revenez souvent d'une balade dans la nature moins fatiguée que si vous aviez passé le même temps au cinéma. Les deux sont agréables, mais un film exige de la concentration pour traiter les éléments du récit.

Le simple fait d'être dans la nature réduira votre niveau de stress. Alors, où trouver la nature ?

- Si vous avez un jardin, vous pouvez commencer par là.
- Les parcs municipaux sont une ressource ouverte à tous.
- Si votre ville possède un arboretum ou une zone naturelle protégée ouverte au public, programmez une visite.
- Vérifiez si des fermes locales accueillent des groupes ou des journées de visite. Certains programmes offrent parfois des produits en échange d'un travail à la ferme, ce qui peut être une expérience profitable.

- Recherchez les parcs régionaux à proximité de chez vous et prévoyez une journée d'exploration. Préparez un pique-nique, votre journal et profitez des paysages et des sons.

Pour d'autres façons d'explorer la nature, consultez les activités saisonnières dans la section Créations saisonnières de ce chapitre.

Méditation dans les espaces verts

Cette méditation vous offrira un moment pour vous reconnecter avec les énergies magiques de la nature, même au milieu d'une ville. Une chose que l'on oublie souvent dans la vie moderne est l'interaction avec le monde naturel.

Prendre le temps d'être simplement présente et attentive dans la nature est une forme de self-care magique souvent négligée. Vous n'avez peut-être pas accès à un jardin ou vous vous sentez peut-être mal à l'aise à l'idée d'aller dans un espace vert public. Prenez le temps d'essayer cette activité. Ses bienfaits s'avéreront plus puissants que votre appréhension naturelle.

Vous avez besoin de :

- Serviette ou couverture

Comment procéder :

1. Étendez la serviette ou la couverture à l'endroit que vous avez choisi. En hiver, asseyez-vous sur un banc, une marche, le bord d'une fontaine ou d'une statue dans un parc.
2. Asseyez-vous ou allongez-vous. Fermez les yeux.
3. Centrez-vous et ancrez-vous.

4. Inspirez profondément et expirez lentement, trois fois. Puis dites (à voix haute ou en silence) :

   Mère Nature,
   Je t'honore.
   Je m'ouvre à toi ici et maintenant.
   Bénis-moi de ton énergie aimante.

5. Prenez conscience de ce que votre ouïe vous dit. Écoutez. Qu'entendez-vous ?
6. Prenez conscience de ce que votre odorat vous dit. Respirez. Que sentez-vous ?
7. Prenez conscience de ce que votre toucher vous dit. Sentez. Quelles sont les sensations que vous percevez sur votre peau, sous votre corps ?
8. Prenez conscience de ce que vous dit votre goût. Ouvrez la bouche. Que goûtez-vous dans l'air ?
9. Prenez conscience de ce que vous dit votre vue. Ouvrez les yeux. Que voyez-vous autour de vous ?
10. Restez là, détendue, aussi longtemps que vous le souhaitez. Consignez votre expérience dans votre journal tant qu'elle est encore fraîche, ou une fois que vous serez rentrée chez vous.
11. Avant de partir, dites :

   Mère Nature,
   Merci pour tes nombreuses bénédictions.
   Merci d'être ici avec moi pendant cette méditation.
   Que ton amour voyage avec moi.

Conseils :

- Emportez un livre et/ou une collation pour en profiter après votre méditation dans un espace vert.
- Si votre ville possède un jardin botanique, essayez cette méditation dans différents endroits et comparez vos expériences.

Énergies saisonnières

S'accorder avec les énergies changeantes de la nature au fil des saisons est un moyen idéal de prendre soin de soi sur le plan spirituel. De cette façon, vous ne luttez pas contre l'énergie du monde qui vous entoure, en vous demandant pourquoi vous vous sentez agitée.

Nous avons tendance à penser que les saisons ont un début et une fin bien définis, ce qui n'est pas vrai du tout. Elles se fondent l'une dans l'autre, et si d'un côté c'est une belle métaphore du changement dans la vie, cela peut aussi être une source de stress. Quand faut-il ranger les bottes d'hiver ? Quand faut-il sortir les robes d'été ?

La solution consiste à célébrer le flou, l'absence de début et de fin définis. Fêtez plutôt le changement. Concentrez-vous sur la transition elle-même. Pour suivre la transition, changez lentement votre décor et votre garde-robe en toute conscience.

L'énergie de l'année évolue au fil des saisons. S'en rendre compte et se donner le temps de s'adapter consciemment à ces énergies changeantes peut aider à réduire le stress. La diversité des énergies saisonnières peut nécessiter différentes méthodes de self-care.

- Self-care en hiver : Pensez aux couvertures épaisses, aux vêtements douillets, aux odeurs profondes et réconfortantes, aux bougies parfumées aux épices et au pin, à manger des aliments plus riches et rassasiants, à boire des boissons chaudes ou tièdes. Regardez tomber la neige et faites des batailles de boules de neige ou allez faire du patin à glace. Le temps passé à l'extérieur peut être minime, en fonction de votre situation géographique et de la rudesse du climat, mais profitez de tout ce que vous pouvez, de la manière qui vous convient le mieux.

- Self-care au printemps : Vous aimez encore profiter d'une atmosphère cosy, mais de manière moins intense. Allégez vos soins personnels, tant au sens propre (vêtements et couvre-lits, aliments et boissons plus légers) qu'au sens figuré (remplacez les bougies aux parfums forts par des bougies aux herbes plus légères, etc). Dégustez des thés et des boissons chaudes plus douces. La météo est peut-être plus favorable pour passer du temps à l'extérieur.
- Self-care en été : Optez pour des vêtements très légers en coton ou en lin, et profitez de la brise et de la chaleur du soleil. Protégez-vous avec de la crème solaire ! Appréciez les boissons fraîches, le gaspacho, les salades contenant beaucoup de légumes. L'observation des étoiles est une activité agréable.
- Self-care en automne : Optez à nouveau pour des pulls légers et des couvertures, portez des bottes, des mitaines et des écharpes légères. Enveloppez des boissons chaudes avec vos mains, et recommencez à préparer des soupes et des ragoûts. Profitez de la lumière dorée du Soleil qui n'appartient qu'à l'automne et pratiquez des activités de plein air.

Les saisons sont marquées de deux manières différentes : la date du calendrier, qui se situe généralement entre le vingtième et le vingt-deuxième jour du mois, et le sens réel de l'arrivée de la saison. Parfois, il peut être plus approprié d'effectuer un rituel ou une harmonisation à la date du calendrier ; d'autres fois, vous pouvez vous sentir poussée à le faire plus tôt ou plus tard en réponse à un indice environnemental, comme le premier rouge-gorge du printemps ou l'arrivée des premières gelées hivernales.

Harmonisation saisonnière

Lorsque la météo s'y prête, sortez dans votre cour ou dans un parc.

Comment procéder :

1. Trouvez un endroit où vous vous sentez bien. Fermez les yeux et respirez lentement et profondément.
2. Centrez-vous et ancrez-vous.
3. Si vous portez des gants, enlevez-les. Accroupissez-vous et posez vos mains nues sur le sol. Sentez la température de l'herbe ou de la terre.
4. Regardez autour de vous. Que voyez-vous ? Dans quel état sont les arbres ? Les jardins ? Comment décririez-vous les couleurs ?
5. Notez vos découvertes et vos sentiments. En quoi cette union avec la nature est-elle différente des précédentes ?

Conseil :

- Au terme d'un cycle annuel, comparez vos observations d'un printemps à celles du printemps de l'année précédente, et à celles de toutes les années antérieures. De cette manière, vous repérerez des changements dans votre environnement que vous n'auriez peut-être jamais remarqués autrement.

Bien-être créatif

Le bien-être créatif est très lié au bien-être spirituel, car il contribue à nourrir quelque chose d'ineffable. L'équilibre spirituel demande d'être en harmonie avec votre esprit et l'énergie du monde en général. Lorsque vous vous efforcez d'approfondir et d'élargir votre lien spirituel avec l'Univers, vous constaterez que votre créativité s'enrichit également.

Le self-care créatif consiste à nourrir votre âme. Il vous fournira de la joie, générera de l'excitation, vous offrira un endroit où prendre des risques et nourrira à nouveau des passions. Il s'agit du domaine à explorer si vous vous sentez terne et sans intérêt et que vous avez besoin d'un moyen de vous stimuler en général. Le self-care créatif vous encourage à accorder de l'attention à votre moi intérieur, à lui fournir un exutoire et à adopter une attitude positive.

Faire des pauses et s'autoriser à jouer et à explorer d'autres méthodes pour être productive et créative sans échéance ni contexte imposé est un moyen précieux de rafraîchir son regard et ses capacités. Il peut sembler contre-intuitif de prévoir une pause dans votre liste de tâches pour vous engager dans une activité sans rapport avec votre travail, comme le dessin, le coloriage ou le tricot, mais les projets créatifs exploitent une autre partie de votre cerveau, ce qui permet aux parties surmenées de respirer. Se désengager de votre travail peut paradoxalement vous rendre plus productive.

N'oubliez pas que la spiritualité n'est pas la religion. Vous pouvez être profondément spirituelle (et créative) sans suivre un chemin religieux.

Travailler à l'expression de votre créativité soutient votre cheminement spirituel. Les deux vont de pair. Le concept d'expression est la clé de la créativité et de la spiritualité. L'expression créative vous permet d'explorer et d'extérioriser ce que vous avez dans le cœur et dans l'esprit, d'exprimer ce que vous ressentez ; il s'agit d'un exutoire pour les émotions et d'une occasion de permettre à votre subconscient de s'attaquer à des questions complexes.

Travailler avec ses mains

L'expression créative signifie-t-elle que, chaque fois que vous faites un gribouillage ou que vous disposez des fleurs en bouquet, vous vous soumettez à un examen approfondi d'un problème épineux et complexe ? Bien sûr que non. Parfois, il est simplement agréable de s'engager dans une activité créative. Et n'oubliez pas que prendre soin de soi est une question de joie et de plaisir. Il s'agit d'être heureuse et de vivre le moment présent. Les passe-temps créatifs vous apporteront simplement cela, et c'est déjà pas mal.

Il est bon de se désengager en se concentrant sur quelque chose que l'on tient dans ses mains. Après avoir terminé un projet, vous ressentirez de la satisfaction. Cela contribuera grandement à combler votre besoin d'être fière de vos réalisations. Le fait de travailler avec ses mains procure un sentiment d'accomplissement qu'il est difficile d'obtenir en résolvant des problèmes de manière purement intellectuelle. Ce sont les deux faces d'une même pièce. La redécouverte récente des activités manuelles créatives est liée au besoin de travailler avec ses mains et de se concentrer sur un projet sans lien avec les tâches quotidiennes. Les projets créatifs vous offrent la possibilité de vous déconnecter de votre vie parfois stressante.

Si la créativité occupe une partie importante de votre travail, vous savez combien il est difficile d'être créative « non-stop ». Il est vital de remplir « votre propre puits de créativité » afin de pouvoir y puiser. Lisez des livres, faites du pain, jardinez, regardez par la fenêtre, promenez-vous... Désengagez-vous de votre travail créatif principal afin de laisser votre esprit créatif se reposer et récupérer.

Créativité en pleine conscience

L'important en matière de self-care créatif, c'est d'essayer des techniques pratiques qui vous aideront à désengager votre esprit occupé et à vous concentrer sur le moment présent.

La pleine conscience vous aide à vous détendre et à apprécier le processus de création plutôt que de vous concentrer sur un objectif, ce qui n'est pas le but de l'activité.

La pleine conscience, telle qu'elle a été définie précédemment, consiste à s'autoriser à être présente dans l'instant, en accordant à ce que l'on fait une attention détendue. Tout ce qui implique l'utilisation de vos mains pour créer tout en vous désengageant de la routine en fait partie. Vous avez envie de remplir un cahier de coloriage ? Vous voulez peindre quelque chose sur de la céramique ? Vous avez envie de dessiner avec des marqueurs à pointe fine ? De faire du scrapbooking ? Un stage de photographie ? C'est parti !

Combattre l'autocensure

L'une des règles les plus importantes en matière de création est de ne pas se laisser aller à un discours négatif envers soi-même. Bien sûr, vous pouvez identifier les points faibles et travailler pour les améliorer (se remettre en question est un excellent moyen de progresser), mais ne vous engagez pas dans un discours négatif. L'autocritique n'est jamais constructive. Elle est destructive et nuit au bien-être. Si vous avez tendance à tenir un discours négatif sur vous-même (*je suis nulle, je ne sais même pas colorier*), vous pouvez vous entraîner à le contrer par des affirmations. N'oubliez pas que le fait de nourrir votre côté créatif vous permet de prendre soin de vous spirituellement.

Si vous êtes anxieuse ou si vous avez peur de créer, votre esprit fera tout ce qu'il peut pour éviter de passer à l'acte : nettoyer le réfrigérateur, consulter vos e-mails, se laver les cheveux, frotter l'évier de la salle de bains... En d'autres termes, vous saboterez votre propre relaxation et l'exploration de votre créativité. Si nécessaire, réglez un minuteur et concentrez-vous sur l'expression créative que vous avez choisie pendant 15 ou 20 minutes sans vous interrompre.

Suivre un cours

Faites-vous honneur et stimulez votre besoin de prendre soin de vous de manière créative en suivant un cours et en apprenant quelque chose de nouveau. Bien qu'un cours physique vous permette de sortir de chez vous pour faire autre chose que travailler ou étudier, ce n'est pas toujours possible. Heureusement, Internet offre d'innombrables possibilités, la plupart vous permettant de suivre des leçons selon votre niveau et vos affinités, en fonction de votre agenda. Vous trouverez en ligne de nombreux cours créatifs à bas prix dans divers domaines : travail du bois, pâtisserie, couture, aquarelle, calligraphie, arts textiles, etc. Consultez-les. La plupart vous demandent de créer un compte, même si les cours qui vous intéressent sont gratuits; le compte vous permet d'accéder à des fonctions réservées au site. Nombre de ces sites proposent des offres spéciales à intervalles réguliers, alors inscrivez-vous à leurs newsletters pour rester au courant des activités proposées.

La musique

Vous utilisez probablement déjà la musique dans le cadre de votre routine de self-care. Vous disposez peut-être d'une playlist pour les mauvais jours, d'une playlist pour vous « booster », d'une playlist relaxante pendant vos déplacements. Vous aimez peut-être vous endormir au son d'une musique calme, écouter un album énergique pour vous mettre dans un état d'esprit dynamique en faisant le ménage, ou passer des airs dansants pendant une soirée entre amis, mais vous n'utilisez peut-être pas la musique en pleine conscience.

La pleine conscience requiert de se concentrer sur une tâche ou activité dans l'instant, en vous permettant d'être dans le moment présent et de vous libérer de l'emprise du passé ou de l'avenir sur vous et vos émotions, donnant ainsi à votre esprit une chance de se reposer. Nous écoutons souvent de la musique en faisant autre chose, ce qui la place en arrière-plan. Écouter la musique en pleine conscience permet de l'explorer, et de vous explorer vous-même, différemment.

L'écoute en pleine conscience peut vous permettre d'apprécier davantage la musique que vous aimez. L'écoute active vous fournit également l'occasion d'entendre ou de remarquer dans la musique ce qui vous échappait jusqu'alors. Vous découvrirez beaucoup de choses sur votre chanson préférée en l'écoutant activement.

Si vous comptez déjà sur la musique pour réduire votre stress, l'écoute en pleine conscience renforcera cet effet. Écouter en pleine conscience un air que vous appréciez peut avoir un impact profond sur la réduction du stress, de l'anxiété et de la dépression.

Jouer d'un instrument

Faire de la musique est un autre moyen de réduire le stress. Si vous avez souffert de leçons forcées dans votre enfance ou si vous avez été contrariée et parce que vous ne parveniez pas à maîtriser un morceau, vous pourriez réfuter cette idée. Cependant, des recherches ont montré que jouer d'un instrument peut faire baisser la tension artérielle, diminuer le rythme cardiaque, atténuer le stress et réduire l'anxiété et la dépression. Cela détourne également votre esprit du travail, vous offre une pause mentale et vous permet d'éviter d'exploiter votre cerveau pour les tâches quotidiennes tout en renforçant l'action en pleine conscience consistant à profiter du moment présent. En prime, vous le faites pour vous, et non pour quelqu'un d'autre.

Si vous ne jouez pas encore d'un instrument, pourquoi ne pas apprendre ? Les ukulélés sont faciles à trouver, tout comme les claviers électriques si vous aimez le piano. Vous pourricz loucr votre instrument et rechercher un professeur dans les listes locales en ligne ou sur un bon vieux tableau d'affichage au magasin de musique. Vous pourrez peut-être vous mettre en relation avec un école de musique de quartier pour trouver un professeur qui vous donnera des cours particuliers ou essayer des cours en ligne.

L'apprentissage d'un nouvel instrument vous rendra à la fois humble et frustrée. Mais le fait de vous mettre au défi, de surmonter les obstacles et d'en ressortir grandie est un excellent moyen de renforcer votre confiance en vous. Considérez chaque nouveau morceau ou chaque nouvelle technique comme un mini-projet et célébrez sa réussite.

Affirmations pour la créativité

Les projets créatifs peuvent amener à manquer d'assurance et à douter de vos propres formes d'expression. Employer des affirmations pour encourager vos efforts créatifs est un moyen simple de vous rappeler que jouer avec des feutres et de la peinture n'est pas une perte de temps ! Essayez une ou plusieurs de ces affirmations.

- *Mon travail est nourrissant. Je m'épanouis.*
- *Je crois en mes talents et mes compétences.*
- *J'ai de merveilleuses idées et je les explore de manière créative.*
- *J'apprends et je grandis à chaque projet. Tous les projets sont donc réussis.*

Bocal d'inspiration

Si vous vous sentez découragée par votre capacité créative, ce bocal d'affirmations encourageantes vous aidera. Tirez-en une lorsque vous vous sentez déprimée. Vous pouvez aussi en rédiger une le matin, dans le cadre de votre routine matinale, et y penser au fur et à mesure que votre journée se déroule.

Choisissez un beau bocal pour ce projet. Veillez à ce que l'ouverture soit suffisamment large pour que vous puissiez saisir un bout de papier et que les parois ne soient pas trop hautes pour ne pas vous empêcher de piocher dans le fond du bocal. Une jolie boîte peut également faire l'affaire.

Vous avez besoin de :

- Feuilles de papier vierges
- Stylo
- Bocal ou boîte
- Petit cristal de roche
- Petite citrine
- Petit quartz rose

Comment procéder :

1. Rédigez des affirmations de soutien. Les propositions suivantes sont des suggestions, mais je vous invite à créer les vôtres !
    - *J'aime la personne que je suis en train de devenir.*
    - *Je vois de la joie partout où je regarde.*
    - *Chaque erreur est une expérience d'apprentissage.*
    - *Je continue à apprendre et à grandir chaque jour.*
    - *Mon travail n'a pas besoin d'être parfait pour être un succès.*
    - *Je dois seulement être meilleure que je ne l'étais auparavant.*
    - *Les petits pas s'ajoutent aux progrès.*
    - *Je suis confiante et capable.*
    - *L'énergie créative circule en moi à tout moment.*
    - *Je suis chaque jour plus créative.*
    - *Je suis pleine de ressources et confiante.*
    - *Je suis créative dans tous les domaines de ma vie.*
    - *Mon imagination m'inspire quotidiennement.*
2. Pliez chaque feuillet en deux et déposez-les dans le bocal.
3. Prenez le cristal, et dites : « *Cristal, je fais appel à ta clarté et à ton énergie pour dynamiser ma vie créative.* » Déposez-le dans le bocal.
4. Prenez la citrine, et dites : « *Citrine, je fais appel à tes pouvoirs de communication pour m'aider à exprimer ma créativité.* » Déposez-la dans le bocal.
5. Prenez le quartz rose, et dites : « *Quartz rose, je fais appel à ton énergie de transformation pour que toute énergie négative autour de moi se transforme en énergie positive et de soutien.* » Déposez-le dans le bocal.
6. Tirez une feuille de papier lorsque vous avez besoin d'un coup de pouce pour stimuler votre confiance créative. Remettez-la dans le bocal une fois que vous l'avez lue à haute voix plusieurs fois. Répétez-vous l'affirmation tout au long de la journée.

Créations saisonnières

Quelle belle façon d'honorer les changements de saison que de prendre le temps de créer. Allumez une bougie, faites brûler de l'encens, mettez une musique qui vous aide à vous mettre dans l'ambiance et recherchez l'énergie de la saison qui approche ou qui est arrivée pour vous aider à synchroniser votre énergie avec la sienne.

Création de boules de Noël

Se lancer dans la décoration de toute la maison pour une saison n'est pas du goût de tout le monde. Voici une petite création saisonnière qui ne prendra pas beaucoup de place pour marquer l'arrivée d'une nouvelle saison. Au fil des ans, vous obtiendrez une collection de petites boules que vous pourrez suspendre aux fenêtres. Cette activité est spécialement conçue pour les fêtes de fin d'année, mais vous pouvez l'adapter à d'autres saisons.

Remarque : Si vous avez l'intention d'utiliser des matériaux frais dans vos boules, vous devrez soit attendre que les matériaux aient séché, soit retirer les matériaux organiques des boules avant de les ranger. Essayez de les laisser ouvertes pendant quelques jours pour évacuer l'humidité avant de les refermer.

Vous avez besoin de :

- Boules creuses en plastique (qui s'ouvrent en deux moitiés ; taille au choix)
- Houx
- Lierre
- Gui
- Petites pommes de pin
- Paillettes (facultatif)
- Courts rubans blancs, rouges, verts (pour l'intérieur)
- Ruban étroit (pour les suspendre)

Comment procéder :

1. Ouvrez une boule et posez-la sur votre plan de travail. Disposez le houx, le lierre, le gui, les petites pommes de pin, les bouts de ruban et les paillettes (si vous en utilisez) dans une moitié, puis fermez la boule et tournez-la doucement jusqu'à ce que la boucle de suspension soit en haut. Le contenu se déplacera légèrement.
2. Passez un ruban étroit dans la boucle et suspendez votre boule à l'endroit souhaité, ou placez-la sur un joli plat ou dans un bol de présentation.

Lanternes de glace hivernales

Voici comment créer des lanternes magiques de glace qui scintilleront à l'extérieur. Si vous voulez les utiliser à l'intérieur, faites-les plus petites et placez-les dans un bol assez grand pour contenir l'eau fondue. (Un bol en acier inoxydable de couleur argentée par exemple.) Si la température extérieure ne descend pas assez bas pour geler l'eau, faites de la place dans votre congélateur et choisissez la taille de vos récipients en conséquence. Assurez-vous que les récipients que vous utilisez sont non seulement étanches, mais qu'ils résisteront à la congélation. N'oubliez pas que l'eau se dilate lorsqu'elle gèle.

Vous avez besoin de :

- Cailloux, billes ou autres poids
- Petit récipient étanche
- Récipient étanche plus grand, de la taille de la lanterne de glace
- Eau
- Bougies chauffe-plats

Comment procéder :

1. Déposez quelques-uns de vos poids à l'intérieur du petit récipient. Placez-le à l'intérieur du grand récipient et commencez à verser de l'eau dans le grand récipient, dans l'espace entre les parois.
2. Regardez si le plus petit récipient bouge. Il devra flotter un peu pour qu'il y ait une couche de glace solide au fond, mais être suffisamment retenu pour former un puits dans lequel votre bougie pourra reposer. Ajoutez ou retirez des poids pour ajuster la position du récipient intérieur. Ajoutez de l'eau dans le grand récipient pour que le niveau d'eau atteigne la hauteur souhaitée pour la lanterne de glace.
3. Placez le récipient à l'extérieur ou dans votre congélateur pour qu'il gèle toute la nuit.
4. Lorsque vous êtes prête à installer la lanterne de glace, rentrez-la à l'intérieur et placez-la dans l'évier pour la réchauffer un peu. Retirez les poids à l'intérieur du plus petit récipient, puis versez-y de l'eau chaude dans le plus petit récipient pour l'aider à se détacher. Sortez le récipient intérieur en le soulevant. Renversez délicatement le grand récipient pour faire glisser la lanterne.
5. Si vous prévoyez d'utiliser la lanterne de glace à l'extérieur, mettez une bougie chauffe-plat au milieu. Si vous l'utilisez à l'intérieur, placez-la dans un bol en argent. Profitez de l'effet magique du feu qui danse dans la glace! La durée de vie de la lanterne de glace dépendra de la température de votre pièce.

Exposition d'automne

Rien de tel que de se promener dans un parc ou une forêt en automne, lorsque la lumière est dorée sous les feuilles mortes. Il s'agit d'une création libre qui peut être adaptée comme vous le souhaitez.

Vous avez besoin de :

- Feuilles d'automne (selon la taille de votre vase)
- 2 torchons fins
- Papier cuisson
- Fer à repasser
- Grand vase en verre
- Brindilles et petites branches d'arbustes (cornouiller, buissons rouges, etc.)
- Petites pommes
- Pomme de pin
- Noix mélangées non ouvertes

Comment procéder :

1. Ramassez des feuilles d'automne. Optez pour une belle variété de couleurs et de formes !
2. Posez un torchon sur la surface sur laquelle vous allez repasser. Posez dessus une feuille de papier cuisson de taille similaire. Posez les feuilles, puis une autre feuille de papier cuisson et le deuxième torchon. Préchauffez le fer à repasser à température moyenne (sans vapeur !) et repassez délicatement la pile. Laissez-la refroidir, puis détachez délicatement le papier des feuilles.
3. Assemblez vos fournitures. Disposez les décorations dans le fond du vase. Placez certaines des feuilles le long du bord extérieur du vase au fur et à mesure que vous les empilez.
4. Insérez en même temps les branches d'arbustes dans les feuilles d'automne empilées. Placez des pommes et des pommes de pin autour d'elles pour les maintenir droites et en place. Ajoutez les noix là où vous le souhaitez.

5. Placez la composition près de votre lieu de travail spirituel ou installez-la comme pièce maîtresse sur une table ou dans une pièce.

Activités pour stimuler votre créativité

Vous avez l'impression de ne pas être créative ? Vous avez du mal à vous lancer ? Vous manquez d'inspiration ? Voici quelques activités pour explorer diverses techniques à utiliser dans un contexte spirituel.

Boules de souhaits

Créez une boule de souhait pour représenter un élément de votre tableau de visualisation, comme un objectif ou un concept sur lequel vous voulez vraiment vous concentrer pendant un certain temps. Vous économisez pour des vacances à New York ? Trouvez une minuscule statue de la Liberté, fabriquez un building en pâte à modeler, trouvez un porte-clé ou une miniature des taxis jaunes et ajoutez des rubans étoilés. Vous cherchez à développer votre créativité ? Remplissez une boule avec des crayons miniatures, des pinceaux et un petit carnet. Trouvez des idées au rayon miniatures ou fabriquez vos propres objets en argile. Si ce que vous voulez utiliser est trop gros pour entrer dans une boule de Noël, achetez un petit bocal en verre.

Suspendez la boule ou placez le bocal à un endroit où vous le verrez souvent. Lorsque vous la regarderez, elle vous rappellera votre objectif et renforcera votre engagement envers lui.

Vous avez besoin de :

- Boule de plastique creuse ou petit bocal en verre
- Bibelots, images ou autres représentations de votre objectif.
- Gomme adhésive ou pâte à modeler

Comment procéder :

1. Ouvrez la boule en plastique. Dans la partie inférieure, disposez les bibelots et autres objets pour construire un petit diorama ou une scène, en utilisant la gomme adhésive pour fixer les objets.
2. Emboîtez doucement la moitié supérieure sur la boule. Suspendez ou placez la boule à un endroit où vous la regarderez pour vous rappeler votre objectif.

Tapisserie

Le tissage est une activité magique. Tisser des choses ensemble pour créer une pièce de tissu utile est très méditatif. Pour cette création, vous pouvez choisir les couleurs de fil que vous voulez. Pour votre première fois, essayez de choisir du coton peigné de 4 millimètres pour les fils de chaîne (les fils verticaux). Vous pouvez utiliser un fil plus fin ou plus épais pour la trame (le fil horizontal qui va et vient) si vous le souhaitez, mais le coton peigné reste assez idéal. Pour le tissage, choisissez une seule couleur ou une gamme de couleurs qui vous plaisent et alternez lorsque vous en avez envie.

À première vue, cette activité paraît longue et compliquée, mais c'est simplement parce que les consignes sont nombreuses. Lisez-les en entier avant de commencer pour savoir à quoi vous attendre. En gros, vous allez créer un métier à tisser sur cadre et vous y tisserez une tapisserie.

Si vous suivez les instructions, vous obtiendrez une pièce d'environ 10 × 15 centimètres. Si vous voulez une pièce plus grande, augmentez l'échelle de votre morceau de carton en conséquence et utilisez des bâtons plus longs pour monter plus haut sur votre métier.

Vous avez besoin de :

- Morceau de carton de 15 x 20 cm
- Crayon
- Règle
- Ciseaux ou cutter
- 2 bâtons
- 2 bâtons plus petits
- Colle
- Ruban adhésif
- Fil de coton peigné (dans les coloris de votre choix)
- Aiguille à tisser ou à tapisserie
- Peigne à dents larges

Installer le métier à tisser :

1. Placez votre morceau de carton devant vous, le petit côté en bas, de manière à travailler avec un rectangle vertical.
2. Avec votre crayon et votre règle, tracez une ligne sur le carton à 1,5 cm du bord supérieur.
3. Mesurez 1,5 cm le long de la ligne à partir du bord gauche. Faites une marque. Mesurez 1,5 cm à partir du bord droit et faites une marque là aussi. Ce seront les bords extérieurs de votre pièce tissée.
4. Entre ces deux marques, faites 10 marques régulièrement espacées de la ligne jusqu'au bord du carton (ne vous inquiétez pas si les mesures ne sont pas exactes).
5. Répétez les étapes 2, 3 et 4 sur le bord du bas du carton.
6. À l'aide des ciseaux ou du cutter, découpez les bords du carton sur toute leur longueur, le long des marques, en vous arrêtant à la ligne horizontale de crayon en haut et en bas du carton.
7. Posez un bâton sur le haut du carton, le long de la ligne de crayon, de façon à ce que le bord supérieur du bâton se trouve au bas des incisions, et collez-le. Répétez l'opération en bas avec l'autre bâton. Ces bâtons soulèveront la chaîne pour que vous ayez de la place pour glisser l'aiguille sous le fil pendant le tissage. Ils renforcent également les incisions pour qu'elles ne se déchirent pas.

8. Pendant que la colle sèche, mesurez un morceau de fil d'environ 2 m de long pour votre chaîne. Fixez l'une de ses extrémités à l'envers du métier avec du ruban adhésif, en haut du carton. Faites passer le fil par-dessus le carton et appuyez dessus jusqu'à ce qu'il s'accroche dans la première incision du bord supérieur. Faites-le descendre et pressez le fil dans la première incision du bord inférieur.
9. Faites une boucle derrière le métier et faites passer le fil dans la deuxième incision du bord inférieur. Passez le fil vers le haut et par-dessus le bord supérieur, en l'enfonçant dans la deuxième incision du bord supérieur.
10. Passez le fil derrière le métier et faites-le passer à nouveau par-dessus le bord supérieur, en l'enfonçant dans la troisième incision. Continuez ainsi tout le long du métier. Lorsque vous avez atteint la dernière incision, fixez l'extrémité derrière le métier avec un morceau de ruban adhésif.

Pour tisser :

1. Commencez par un morceau de fil d'environ 60 cm de long dans la première couleur souhaitée. Même si votre ouvrage est d'une seule couleur, n'utilisez pas un fil plus long qu'environ 90 cm. Enfilez l'aiguille. Ne vous embêtez pas à faire un nœud.
2. Vous pouvez commencer d'un côté ou de l'autre. Glissez l'aiguille sous le premier fil, sur le deuxième, sous le troisième, et ainsi de suite jusqu'à la fin du rang. Laissez environ 10 cm de fil dépasser à l'extrémité au début du rang.
3. Pour le deuxième rang, faites passer l'aiguille autour du fil de chaîne le plus extérieur, puis passez au-dessus et au-dessous des fils de chaîne de l'autre côté. Assurez-vous que vous passez par-dessus les fils sous lesquels vous êtes passée dans le premier rang et vice versa. Ne tirez pas trop sur le fil à la fin de la rangée, sinon vous finirez par tirer les fils de chaîne les plus extérieurs vers le centre. (Ces fils extérieurs sont appelés les lisières).

4. Répétez. Tous les quatre ou cinq rangs, poussez doucement les fils de trame vers la base du métier avec le peigne à dents larges. Ne les tassez pas trop fort, mais arrangez-les pour que les rangées se touchent à peine.
5. Vous pouvez changer de couleur à tout moment en retirant l'aiguille du fil au début ou à la fin d'un rang, en laissant les derniers centimètres sur le côté et en commençant une nouvelle longueur de fil dans la couleur de votre choix. Si vous continuez avec la même couleur, assurez-vous de laisser ces quelques centimètres de la longueur de fil originale sur le côté, et commencez une nouvelle longueur en laissant quelques centimètres du nouveau morceau de fil dépasser (vous vous occuperez de ces bouts qui dépassent plus tard).
6. Continuez jusqu'à ce que vous ayez tissé tout le fil de chaîne jusqu'en haut du métier.

Finition :

1. Commencez à tisser les extrémités libres. Enfilez l'aiguille sur l'une des extrémités et tissez-la soigneusement. Veillez à boucler l'extrémité autour d'un fil de chaîne afin de ne pas défaire accidentellement le fil. Vous pouvez couper l'extrémité libre après l'avoir tissée dans le fil sur quelques centimètres. Faites de même pour chaque extrémité libre.
2. Prenez un des petits bâtons, soulevez les boucles du haut de la pièce tissée, une par une, et glissez-les sur le bâton. Si les boucles sont trop lâches ou le bâton trop fin, ajoutez un autre bâton le long du premier et attachez les extrémités ensemble avec du fil.
3. Répétez l'opération en bas avec l'autre petit bâton.
4. Pour suspendre votre création, coupez un morceau de fil d'environ 25 cm de long et attachez-le aux extrémités du bâton supérieur.

Conseils :

- Vous pouvez coudre ou attacher des perles, des pompons ou d'autres objets sur le tissu, soit au fur et à mesure, soit une fois le tissage terminé.
- Si cette activité vous intéresse, il existe des métiers à tisser dotés d'un cadre en bois.

Fabrication d'un bol à offrandes en argile

Cette activité permet de fabriquer un petit bol à offrandes d'environ 8 centimètres de diamètre permettant de contenir des offrandes destinées à une divinité ou une abstraction, comme une fleur, de l'eau ou tout ce qui vous semble agréable.

Travailler avec l'argile est extrêmement gratifiant. Il s'agit d'une façon de se connecter à l'élément Terre, et la sensation de fraîcheur et d'humidité est très relaxante, tandis que la pression et la force nécessaires pour la façonner sont particulièrement satisfaisantes. Choisissez l'argile qui vous convient le mieux : de l'argile qui sèche à l'air libre ou de l'argile qui sera cuite au four. Veuillez suivre les instructions figurant sur l'emballage pour le travail et la finition.

Vous avez besoin de :

- Argile (je vous invite à utiliser de l'argile qui sèche à l'air libre)
- Gants en plastique (facultatif)
- Papier journal

Comment procéder :

1. Mettez les gants, si vous en utilisez. Couvrez votre surface de travail avec du papier journal.
2. Prélevez un morceau d'argile d'environ 10 centimètres de diamètre et formez une boule.
3. Enfoncez votre pouce au milieu. Ne l'enfoncez pas complètement pour ne pas perforer l'autre côté.
4. Pincez les bords pour former les parois du bol. Tirez doucement les côtés vers le haut pour former une pente douce vers l'extérieur.
5. Formez ou lissez également le fond du bol.
6. Si vous le souhaitez, dessinez des motifs à l'intérieur ou à l'extérieur du bol (voir les conseils suivants).
7. Laissez sécher votre bol à l'air libre ou faites-le cuire selon les instructions sur l'emballage.

Conseils :

- Peindre l'argile avant qu'elle ne sèche peut créer un effet de craquelure ; cependant, selon le mélange de peinture et d'argile, il peut aussi s'écailler. Le type de peinture que vous utiliserez dépendra du type d'argile avec lequel vous avez choisi de travailler. Recherchez les peintures les plus adaptées. Faites d'abord des essais avec des morceaux.
- Vous pouvez pincer ou façonner soigneusement le bord supérieur du bol pour obtenir une forme cannelée ou dentelée.
- Pour cette activité de base, vous n'avez pas besoin d'outils spécifiques. Toutefois, si vous souhaitez faire des motifs sur votre bol, vous pouvez utiliser des cure-dents, un petit tournevis, un stylo à bille sec, etc. Si vous utilisez un objet de la maison, veillez à bien le laver pour éviter que l'argile ne sèche dans les petites rainures.

Chapitre 5

Bien chez soi

Votre maison est votre sanctuaire spirituel. L'énergie de cet espace doit assurer la protection, le soin et le soutien dont vous avez besoin. Aussi, maintenir l'alignement énergétique de votre maison s'avère bénéfique pour vous et pour tous ceux qui y vivent. Vous devrez donc la nettoyer ou la purifier régulièrement, la protéger avec des barrières énergétiques pour la défendre contre les énergies indésirables, et veiller à la maintenir propre et saine.

Créer du confort

S'entourer de choses qui vous apportent du réconfort vous aidera à relâcher les tensions. D'autre part, favoriser un environnement magique dont l'énergie soutient vos objectifs est une pratique très courante pour une sorcière. Il s'agit aussi d'une excellente approche de self-care. Programmer l'énergie de votre environnement pour nourrir votre esprit ajoutera une touche supplémentaire à la décoration de votre espace tout en vous apportant de la joie.

Observez votre espace. Qu'est-ce qui vous plaît? Qu'est-ce qui vous frustre? Y a-t-il quelque chose que vous associez à de mauvais souvenirs? Y a-t-il des éléments qui vous font vous sentir mal? Prenez-en note. Supprimez-les si vous le pouvez.

Réfléchissez à l'esthétique de votre/vos pièce(s). Qu'aimeriez-vous voir en plus grand nombre dans ce qui est déjà là ? Qu'aimeriez-vous inclure qui n'est pas là ? Y a-t-il quelque chose que vous aimeriez placer délibérément dans la pièce pour y apporter une énergie spécifique ?

Une pièce surchargée peut vous rendre heureuse. Si c'est le cas, demandez-vous pourquoi. Est-ce parce qu'elle vous distrait ? Cela vous aide-t-il à éviter de penser à certaines choses ? Il s'agit peut-être d'une forme d'évitement, ce qui n'est pas sain à long terme.

Réfléchissez à ce que vous pourriez ajouter qui vous apporterait la paix. Une couleur spécifique, une texture ? Que pourriez-vous enlever pour améliorer la façon dont vous vous sentez dans la pièce ?

Espace encombré, énergie encombrée

Pensez au désordre. Faire le tri dans ses affaires peut paraître contraignant, mais le désordre laissé dans un espace censé être apaisant va à l'encontre de cet objectif. Même si vous ne le remarquez pas consciemment, le désordre est un stress qui vous affecte. Peut-être l'avez-vous même accepté comme faisant partie de l'espace tel qu'il est, ce qui n'est pas du tout ce que vous souhaitez.

Réduisez la quantité d'objets, même si vous aimez l'idée de collectionner. Si c'est le cas, pensez à organiser votre espace de manière à créer une harmonie plutôt qu'un désordre visuel. Veillez simplement à ne pas entasser trop de choses dans un petit espace, ce qui augmente fatalement la tension. Un dédale de couleurs peut également s'avérer assez stressant visuellement.

Entretien quotidien

À la fin de chaque journée, passez dans chaque pièce et rangez rapidement. Encouragez les autres membres de votre famille à faire de même. Il est beaucoup plus facile de procéder à un entretien régulier que de consacrer une journée entière à ranger une pièce (n'oubliez pas que prendre soin de soi, c'est aussi se faciliter la vie).

Équilibrage élémentaire

Les quatre éléments classiques sont la Terre, l'Air, le Feu et l'Eau. Chacun d'eux possède un type d'énergie spécifique. Certaines personnes ont une affinité avec un ou plusieurs éléments et considèrent l'énergie associée comme apaisante.

Pour simplifier, les énergies élémentaires sont :

- Terre : stabilité, fermeté, ancrage, prospérité
- Air : lumière, adaptabilité, pensée claire
- Feu : passion, activité, changement
- Eau : purification, fluidité, transformation, guérison

Un bon exercice consiste à rester dans une pièce pour s'ouvrir à son énergie. Comment la percevez-vous ? Vous paraît-elle liée à un élément ?

Dans une maison, travailler avec l'énergie élémentaire peut impliquer de chercher à corriger un déséquilibre énergétique (en contrôlant la surprésence d'un élément par l'introduction d'une autre énergie élémentaire) ou d'encourager la présence d'un élément afin d'améliorer le sentiment escompté dans une pièce. Ainsi, une chambre à coucher doit être apaisante afin d'encourager le repos. Un excès d'énergie d'Air ou de Feu ne serait donc pas indiqué.

Si vous ressentez un excès de l'énergie liée à un élément, essayez de l'équilibrer avec l'énergie d'un autre élément qui permettra de la diminuer. Ainsi, s'il y a trop d'énergie d'Air dans votre chambre, n'ajoutez pas d'énergie de Feu, mais plutôt de l'énergie de Terre. Choisissez toujours l'énergie qui vous semble la plus appropriée.

Comment introduire l'énergie élémentaire ?

- **La couleur** est un moyen simple. Songez à la réponse émotionnelle que génèrent en vous les couleurs et choisissez-en une ou deux qui renforcent le type d'énergie que vous recherchez. Vous pouvez également travailler avec les associations énergétiques traditionnelles des couleurs (le rouge étant associé à la passion et à l'activité, le bleu à la paix et à la protection, le vert à la santé et à l'abondance, et ainsi de suite) et en choisir une ou deux qui résonnent avec l'énergie que vous recherchez. Essayez d'abord la réponse émotionnelle, mais votre réponse à la couleur sera toujours intéressante pour vos objectifs.
- **Les plantes** apportent l'énergie de la Terre. Elles ont également l'avantage de purifier l'air et de fournir une énergie positive. Veillez toutefois à en prendre soin, car les plantes mortes produisent l'effet inverse.
- **Les cristaux et les pierres** contiennent leur propre énergie native et sont d'excellents véhicules de l'énergie pour laquelle vous les programmerez. Les cristaux sont associés à l'énergie de la Terre, mais chaque pierre possède la sienne, que vous pourrez exploiter pour aider à équilibrer l'énergie d'une pièce. Si la pièce est moins positive ou moins accueillante que vous ne le souhaitez, essayez d'y placer du quartz rose pour transformer l'énergie négative en énergie positive. Utilisez un morceau d'améthyste pour générer un sentiment de paix, etc.

Nettoyage et purification

L'entretien de l'énergie de votre maison doit être une priorité. Heureusement, cela reste assez facile. Comme nous l'avons vu, les cristaux et les plantes d'intérieur peuvent un peu aider à purifier passivement et de manière continue votre espace, mais vous devrez procéder à un nettoyage plus important de l'énergie négative de façon régulière pour que votre espace favorise votre bien-être.

Voici quelques moyens de purifier l'énergie de votre maison :

- Balayez en visualisant l'énergie négative que vous chassez.
- Brûlez des feuilles de sauge séchée. La sauge est excellente pour bannir l'énergie négative.
- Utilisez une brume purifiante ou une poudre nettoyante.

Brume purifiante

Employez ce spray pour aider à purifier les pièces de votre maison.

Vous avez besoin de :

- 250 ml d'eau distillée
- Flacon pulvérisateur
- 1 pincée de sel
- 10 gouttes d'huile essentielle de bois de santal
- 8 gouttes d'huile essentielle d'encens
- 6 gouttes d'huile essentielle de lavande
- 4 gouttes d'huile essentielle de rose

Comment procéder :

1. Versez l'eau dans le flacon pulvérisateur. Ajoutez le sel et secouez le flacon pour le dissoudre et le mélanger.
2. Ajoutez les huiles essentielles et secouez doucement le flacon.

3. Pour l'utiliser, brumisez la pièce que vous souhaitez purifier ou dans laquelle vous souhaitez éliminer l'énergie négative.

Poudre nettoyante

Les poudres seront dispersées dans une zone pour répandre leurs énergies magiques et faire leur travail. Ensuite, elles seront balayées ou aspirées. Dans ce mélange, le sel sert à la purification, soutenu par les qualités de nettoyage, de protection et de bénédiction du romarin et de la sauge, ainsi que par l'énergie positive de la rose. Techniquement, il ne s'agit pas d'une poudre, car le sel n'est pas réduit en poudre, mais personne ne vous empêchera de l'appeler ainsi. Pour obtenir une véritable poudre, utilisez de la fécule de maïs à la place du sel. Vous perdrez les propriétés purificatrices du sel, mais le reste des ingrédients conserveront leur énergie.

Vous avez besoin de :

- 3 cuillères à soupe de sel fin
- Petit bol
- 1 pincée de sauge séchée
- 1 pincée de pétales de rose séchés
- 1 pincée de romarin séché

Comment procéder :

1. Placez le sel dans le bol.
2. Émiettez les herbes séchées dans le sel en faisant en sorte que les particules d'herbes soient aussi petites que possible. Si vous disposez d'un mortier et d'un pilon, utilisez-les pour moudre les herbes séchées.

3. Utilisez vos doigts pour mélanger les herbes et le sel. Arrêtez-les dans le mélange et dites : « *Poudre, je te charge de nettoyer et de purifier l'énergie du lieu dans lequel tu es répandue. Qu'il en soit ainsi.* »
4. Prenez des pincées du mélange et dispersez-le autour de la zone que vous voulez purifier. Laissez-le reposer pendant environ une heure ou toute la nuit. Le lendemain, balayez-le avec un balai ou passez l'aspirateur. Jetez la poudre ou le contenu de l'aspirateur dans une poubelle extérieure.

Conseil :

- Il s'agit d'une excellente méthode à adapter à n'importe quel objectif magique. En utilisant du sel ou de la fécule de maïs comme base, vous pouvez choisir les herbes qui font écho à l'énergie de votre objectif.

Musique

L'une des façons d'influer sur l'énergie de votre maison et sur votre bien-être consiste à écouter de la musique. Nous avons vu au chapitre 4 comment la musique agit sur les aspects émotionnels et créatifs. Mais la musique peut également être exploitée pour modifier l'énergie d'un espace.

Les ondes sonores sont de l'énergie qui se déplace et il est facile d'utiliser cette énergie pour transformer celle d'un espace.

Si vous cherchez à éliminer l'énergie négative d'une pièce, utilisez des tambours, des maracas ou frappez vivement des mains. Déplacez-vous dans l'espace dans lequel vous travaillez en n'oubliant pas les coins et les espaces où l'énergie ne circule pas bien.

Si vous souhaitez restaurer une énergie légèrement désynchronisée ou calmer une énergie un peu trop nerveuse, envisagez d'utiliser un bol chantant tibétain. Ce bol en métal produit une note soutenue grâce à un maillet que l'on passe délicatement autour. Faire glisser un doigt autour du bord humide d'un verre à vin est aussi une alternative, mais rien ne vaut la richesse et la complexité du son d'un bol chantant. La cloche est également un instrument courant pour renforcer ou calmer l'énergie d'un espace. Faites-la sonner dans la pièce, et laissez du temps entre les sonneries pour laisser les vibrations circuler.

Les carillons fonctionnent très bien pour briser la négativité ou pour créer une énergie positive, selon leur taille et leur accord. Les plus profonds sont plus efficaces pour détourner ou briser la négativité, tandis que les plus légers et les plus aigus fonctionnent bien à l'intérieur pour calmer l'énergie ou augmenter une énergie déjà agréable.

Le chant peut également transformer l'énergie négative en énergie positive. Le mantra « om » est une suggestion, mais n'hésitez pas à rechercher d'autres chants sur Internet et à les apprendre. Si vous les chantez vous-même, cela aura le mérite d'affecter positivement votre vibration personnelle. Si vous préférez écouter un enregistrement l'effet sera légèrement différent.

Protéger l'énergie de votre maison

Si vous purifiez régulièrement votre maison, n'est-il pas logique de protéger son énergie pour ne pas qu'elle se détériore ? Maintenez l'énergie négative à l'extérieur autant que possible, et votre maison n'en sera que plus sûre, ce qui vous permettra de vous détendre plus facilement.

Il existe plusieurs moyens de protéger l'énergie de votre maison :

- Plantez des arbustes ou des plantes associés à la protection, comme un genévrier, des pivoines, du lierre et du basilic.
- Suspendez une tresse d'oignons ou d'ail dans la maison pour absorber l'énergie négative. (Ne les mangez pas ! Compostez-les après un an et achetez une nouvelle tresse).
- Avec un marqueur, dessinez un symbole de protection sous votre paillasson.
- Dessinez des symboles de protection sur vos fenêtres avec de l'eau salée. Faites de même sur vos portes et autour des serrures de vos portes.
- Placez des pierres aux qualités protectrices autour de la maison, comme l'obsidienne, l'onyx et l'améthyste.

Bougie pilier pour améliorer l'énergie domestique

L'une des actions les plus simples de self-care consiste à allumer une bougie. Il y a quelque chose d'apaisant dans le fait d'allumer une lumière ; la flamme est vivante, et la lumière qu'elle projette est chaleureuse. Ce sort vous propose de préparer une bougie pilier ordinaire dédiée au self-care en utilisant une technique appelée *chargement* qui utilise des herbes et des huiles en poudre ainsi que des mots gravés. Ces techniques peuvent également être appliquées à d'autres types de bougies ; n'hésitez pas à les expérimenter. Employez cette bougie pour renforcer l'énergie réparatrice et de soutien dans votre maison. Adaptez les herbes, les huiles et les pierres à vos objectifs magiques.

Vous avez besoin de :

- Bougie pilier
- Pic à brochette métallique (à pointe unique) ou long clou
- Allumettes ou briquet
- Bougie chauffe-plat
- Pincée de lavande séchée
- Pincée de camomille séchée
- Pincée de pétales de rose séchés
- Mortier et pilon
- Huile essentielle de bois de santal
- Petit quartz rose
- Bougeoir ou plaque

Comment procéder :

1. Centrez-vous et ancrez-vous.
2. Retournez la bougie pilier.
3. Allumez la bougie chauffe-plat et laissez l'extrémité pointue du pic à brochette ou du clou dans la flamme pour chauffer le métal. Lorsque le métal est chaud, enfoncez-le doucement dans la bougie, parallèlement à la mèche, pour faire un trou profond. (Ne l'insérez pas le long de la mèche; laissez de la cire entre la mèche et le trou.) Si vous le souhaitez, vous pouvez réchauffer le métal et l'insérer à nouveau dans la bougie pour agrandir le trou.
4. Placez les herbes séchées dans le mortier. Avec le pilon, réduisez-les en poudre aussi finement que possible. Ajoutez une goutte d'huile de bois de santal et mélangez-la aux herbes avec le pilon.
5. Introduisez délicatement des pincées du mélange d'herbes dans le trou. Agrandissez le trou si nécessaire. Lorsque vous avez rempli le trou, enfoncez le quartz rose dans le trou. Pour le sceller, faites couler un peu de la cire liquide de la bougie sur la pierre, ou avancez une allumette ou un briquet près de la cire (sans la toucher).
6. Avant de l'utiliser, assurez-vous que la bougie pilier est placée dans un bougeoir ou sur une plaque ininflammable.

Autels et sanctuaires

Les autels et les sanctuaires peuvent tous deux être des outils utiles pour le bien-être spirituel. Ils fournissent un endroit dans la maison où vous entrerez en contact avec le Divin pour nourrir votre spiritualité. Il règne encore souvent une confusion entre les deux. Quelle est la différence entre un autel et un sanctuaire ?

- Un autel est un espace de travail ou un lieu de culte.
- Un sanctuaire est une petite collection d'objets rassemblés pour honorer ou mettre en valeur un centre d'intérêt.

Les autels sont souvent utilisés pour le culte actif d'une divinité. Alors qu'un sanctuaire honore quelque chose ou quelqu'un, un autel représente une interface active (ou interactive !) pour le culte religieux ou la prière.

Créez un sanctuaire de gratitude

Ce sanctuaire vous offrira un endroit semi-permanent pour exprimer votre gratitude envers les bonnes choses de votre vie. Il sert également à vous rappeler d'être reconnaissante, en vous remémorant tous les bienfaits dont vous bénéficiez. Il peut s'agir d'une stratégie intéressante pour lutter contre la tendance quotidienne à être affectée par ce qui va mal dans votre vie. La vue de votre sanctuaire de gratitude devrait vous remonter le moral.

Le matériel n'est suggéré qu'à titre indicatif. Si d'autres objets vous interpellent (coquillages, photos ou figurines par exemple), n'hésitez pas à les employer pour votre sanctuaire de gratitude.

Vous avez besoin de :

- Petit chiffon ou plateau
- Carte portant une affirmation ou une citation inspirante
- Quartz rose
- Cristal de roche
- Allumettes ou briquet
- Bougie votive (couleur de votre choix) et bougeoir

Comment procéder :

1. Choisissez un espace facilement accessible et visible, mais pas en plein milieu d'une pièce, afin d'éviter qu'il ne soit abîmé. Recherchez une surface plane et protégée.
2. Posez un petit chiffon ou un plateau.
3. Disposez vos objets de manière agréable. Placez la bougie dans le bougeoir à un endroit sûr.
4. Centrez-vous et ancrez-vous, puis allumez la bougie, et dites des mots comme :

   Grand Univers,
   Je te remercie pour mes nombreuses bénédictions.
   Je te remercie pour la nourriture que je mange,
   Pour le toit au-dessus de ma tête,
   Pour le confort dont je bénéficie,
   Pour ma famille qui me soutient,
   Pour mes amis qui m'aiment,
   Et pour la santé dont je jouis.
   Que je sois toujours reconnaissante pour ces bienfaits
   et pour tous les autres.
5. Vous pouvez écrire ce pour quoi vous êtes reconnaissante sur des morceaux de papier et les déposer sur votre sanctuaire de gratitude.
6. De temps en temps, déposez un petit verre d'eau, de vin ou d'une autre boisson sur le sanctuaire pour montrer votre reconnaissance.

Conseils :

- Une petite étagère murale peut également être utilisée pour héberger un sanctuaire de gratitude.
- Ajoutez quelques gouttes d'huile essentielle à la bougie en la brûlant jusqu'à ce qu'il y ait une petite flaque de cire liquide. Éteignez la bougie, ajoutez les gouttes, puis rallumez la bougie.

Créez un coffret pour votre sanctuaire

Ce sanctuaire est hébergé par une petite boîte en bois qui peut être ouverte ou fermée. Dans l'idéal, vous pouvez l'ouvrir et la faire tenir debout. En fonction de sa taille, il est possible de la transporter. Si la boîte est assez profonde, vous pouvez même y placer des figurines.

Vous avez besoin de :

- Petits objets tels que bijoux fantaisie, fleurs séchées, fleurs en soie, autocollants de scrapbooking, paillettes, perles, coquillages, etc.
- Petites photos découpées dans des magazines ou imprimées.
- Boîte en bois à charnière (peu profonde)
- Peinture acrylique et pinceaux
- Colle à paillettes
- Colle
- Vernis
- Pinceau en mousse

Comment procéder :

1. Réfléchissez à ce à quoi vous voulez que ce sanctuaire soit dédié. Le bonheur et la joie ? La paix et l'harmonie ? Rassemblez de petits objets qui illustrent votre thème et décorez la boîte-sanctuaire.
2. Placez la boîte en bois devant vous pour que les charnières soient sur la gauche. Ouvrez-la comme un livre. Inclinez-la vers vous pour qu'elle tienne debout sur la plus petite extrémité, le couvercle ouvert vers la gauche, comme la couverture d'un livre.
3. Réfléchissez à la façon dont vous allez peindre la boîte. Peignez-la et laissez-la sécher. Peignez l'extérieur si vous avez envie.
4. Pendant que la peinture sèche, prenez le temps de disposer vos objets de manière agréable et significative pour vous. N'oubliez pas que vous pouvez remplir toutes les parois de la boîte, et pas seulement le fond et le couvercle intérieur.
5. Transférez la composition dans la boîte, morceau par morceau, en la collant. Décorez avec de la colle à paillettes si vous le souhaitez. Une fois que c'est sec, appliquez un vernis avec le pinceau en mousse pour protéger le tout.

Créez un autel pour vous

Vous n'êtes peut-être pas à l'aise avec l'idée de vous vénérer vous-même ou vous ne vous sentez pas digne d'être vénérée. Cela doit changer ! Chacune a une étincelle divine en elle et vous méritez d'être honorée en tant que vaisseau du Divin.

Rassemblez les objets que vous associez à vous. Des photos que vous aimez, des bijoux, des bibelots ; des choses que vous n'utilisez plus, mais que vous aimez toujours, comme des objets de votre enfance, s'ils vous rappellent des moments heureux. Vos livres préférés ? Vos couleurs préférées ? Faites appel à tout cela pour vous aider à créer un espace de self-care qui vous honore.

Choisissez un endroit pour installer votre autel, comme une petite étagère murale si vous voulez que l'espace soit petit et simple. Vous pouvez accrocher des photos ou des œuvres d'art sur le mur au-dessus ou autour de l'autel. Décorez-le comme vous le souhaitez : ajoutez des coquillages, drapez de foulards, ajoutez des figurines... C'est pour vous. Assurez-vous qu'il y ait de la place pour une bougie. Une bougie votive dans un bougeoir en verre plus haut que la bougie serait idéale pour protéger les objets qui l'entourent de la flamme.

Vous avez besoin de :

- Photo encadrée de vous (taille de votre choix)
- Représentations de vos activités (travail, loisirs, etc.)
- Représentations d'événements de la vie (rites de passage, médailles, trophées, etc.)
- 2-3 de vos pierres ou cristaux préférés
- Bougie (couleur de votre choix) et bougeoir
- Allumettes ou briquet

Comment procéder :

1. Assemblez les objets choisis à l'endroit où vous avez envie d'installer votre autel. Placez la bougie au centre et disposez les autres objets autour d'elle.
2. Au fur et à mesure que vous les déposez, prenez un moment pour vous souvenir de la fierté ou du bonheur que vous avez ressentis à chaque étape de votre vie ou de votre réussite. Appréciez les efforts que vous déployez dans votre travail. Ressentez de la gratitude pour vos passions. Tandis que vous construisez l'autel en votre honneur, développez un sentiment de fierté et d'amour pour vous-même et pour qui vous êtes.
3. Lorsque l'autel est terminé, centrez-vous et ancrez-vous. Allumez la bougie. Regardez lentement et attentivement les objets que vous avez rassemblés et exposés.

4. Dites :

   Je m'honore.
   J'honore ma force.
   J'honore mon passé qui m'a conduite ici.
   J'honore mes compétences, mes talents.
   J'honore ma détermination.
   J'honore mon besoin d'espace et de temps pour moi.
   J'honore mes droits.
   J'honore mon potentiel.

5. Lorsque vous avez terminé, vous pouvez éteindre la bougie.
6. Au moins une fois par semaine, revenez à l'autel et allumez la bougie. Laissez votre regard parcourir la collection d'objets qui compose l'autel et soyez fière de ce que vous êtes. Répétez la prière ci-dessus si vous le souhaitez. Allez à l'autel lorsque vous vous sentez épuisée, que vous avez une mauvaise estime de vous-même ou que vous doutez de votre grandeur.

Conseil :

- Cet autel n'est en aucun cas figé. Ajoutez des éléments aussi souvent que vous le souhaitez.

Aromathérapie

L'aromathérapie est un outil formidable pour contrôler le stress et remonter le moral. L'art de la sorcellerie fait souvent appel à l'aromathérapie en tant qu'élément secondaire car l'utilisation principale des huiles et des herbes est liée à leurs énergies.

L'odeur est l'un des plus puissants déclencheurs de mémoire. Rien d'étonnant à cela : malgré son apparente intangibilité, l'odeur est incontournable et profondément liée à l'émotion. Les récepteurs olfactifs sont situés juste à côté de l'amygdale et de l'hippocampe, les centres émotionnels du cerveau.

L'aromathérapie utilise les plantes, les fleurs ou les huiles extraites pour obtenir un effet positif sur l'état physiologique ou physique. La science admet que certains composés stimulent différentes zones du cerveau ou la production de neurotransmetteurs affectant l'humeur. L'utilisation des huiles essentielles est généralement sans danger, bien qu'il faille veiller à ce qu'elles n'entrent pas en contact avec les yeux ou l'intérieur du nez, et à ce que certaines huiles (comme la cannelle) ne soient pas appliquées directement sur la peau en raison du risque d'irritation. En général, les huiles essentielles ne doivent pas être consommées par voie orale ; cela peut endommager votre foie ou vos reins. Ne le faites que si un professionnel de santé qualifié l'approuve après avoir examiné votre état de santé. Les ingérer peut être particulièrement dangereux. Consultez des ouvrages fiables pour vous informer sur l'usage des huiles essentielles.

Conservez vos huiles essentielles et vos mélanges à l'abri de la lumière afin d'empêcher les composants de se dégrader.

Les applications courantes des huiles essentielles consistent à les diluer dans de l'eau et à les chauffer dans un diffuseur, à vaporiser une solution dans l'air, ou à diluer l'huile essentielle dans une huile de support comme l'huile d'amande douce, de jojoba ou de pépins de raisin, et à la frotter sur la peau. Une méthode simple et efficace est de déposer une goutte d'huile sur une boule de coton et de la placer dans un sachet. Transportez-le avec vous tout au long de la journée et ouvrez-le pour respirer le parfum quand vous en aurez besoin.

Voici quelques huiles essentielles particulièrement utiles dans la pratique du self-care car elles réunissent plusieurs bienfaits magiques et physiques.

- Sauge sclarée : L'huile essentielle de sauge sclarée est utilisée pour l'optimisme, le bonheur, la relaxation, la lutte contre l'anxiété et la confiance.
- Oliban : L'huile essentielle d'oliban est utilisée pour la méditation, la clarté et la purification. Son parfum boisé est légèrement épicé.
- Jasmin : L'huile essentielle de jasmin est utilisée pour la méditation, la clarté et l'amour de soi. Son parfum est floral sur fond végétal.
- La lavande : Comme nous l'avons vu dans les chapitres précédents, la lavande est une huile et une herbe merveilleuse pour le self-care. Elle est utilisée pour la relaxation et elle a un effet sédatif.
- Citron : L'huile essentielle de citron est utilisée pour le bonheur, la clarté, la joie et la purification.
- Bois de santal : Avec un parfum boisé doux, le bois de santal est souvent utilisé dans les traditions spirituelles. L'huile essentielle de santal est utilisée pour la méditation, la relaxation sans effet sédatif, la purification, le calme et la clarté.
- Ylang-ylang : Huile florale douce, l'ylang-ylang est utilisé pour la relaxation et la sérénité.

Mélanges d'aromathérapie

Il existe plusieurs façons d'intégrer l'aromathérapie au self-care. Le moyen le plus rapide et le plus simple est d'appliquer directement un point d'huile à l'intérieur de votre poignet, afin que l'odeur et les bienfaits physiques des huiles soient immédiatement accessibles.

Il existe des bijoux qui diffusent les odeurs, comme les médaillons ou les bracelets en pierre de lave, une substance poreuse qui absorbe les gouttes d'huile et libère lentement le parfum au cours de la journée.

Les huiles essentielles sont très concentrées, c'est pourquoi elles sont généralement diluées dans une huile de support telle que l'huile d'amande douce, l'huile de jojoba ou l'huile de pépins de raisin, si vous comptez les utiliser sur la peau. La diffusion ne nécessite pas toujours une huile de support. Veillez toutefois à étiqueter votre mélange et à noter s'il contient une huile de support !

La diffusion est le processus par lequel une huile est dispersée dans une zone. Il existe plusieurs façons d'y parvenir.

- En déposant des gouttes sur une boule de coton et en la glissant dans un petit sac pour l'emporter avec vous. Ouvrez le sac et portez-le à votre visage en inspirant profondément. Cette méthode est idéale au travail ou pour un voyage en avion.
- Vous pouvez verser des gouttes d'huile dans un flacon d'eau distillée. Secouez-le, puis vaporisez-le sur les canapés, les lits, les tapis ou simplement dans l'air pour parfumer la pièce.
- La diffusion par la vapeur est une autre méthode simple. Faites bouillir une ou deux tasses d'eau, transférez dans un bol et ajoutez-y des gouttes d'huile. La chaleur de l'eau va disperser l'arôme dans la pièce. Cette méthode vous est peut-être familière si vous avez déjà essayé de vous draper dans une serviette au-dessus d'un bol d'eau fumante, avec ou sans huile d'eucalyptus, pour aider à décongestionner votre nez. À Noël, des bâtons de cannelle, des clous de girofle et des écorces d'orange plongés dans de l'eau bouillante offriront un parfum délicat à la maison.

- Un diffuseur de bougies est une petite soucoupe placée sur un bougeoir. Déposez une ou deux cuillères à soupe d'eau dans la soucoupe et ajoutez-y des gouttes d'huile. La bougie chauffe l'eau et les huiles pour libérer le parfum dans l'air. Un diffuseur électrique fait la même chose, mais il utilise l'électricité pour chauffer la coupelle.
- Les diffuseurs par nébulisation décomposent les huiles en petites particules et les diffusent dans l'air. Ils sont également alimentés par une pompe électrique.
- Le bain est un moyen agréable et relaxant de profiter de l'aromathérapie. Ajoutez quelques gouttes du mélange que vous avez choisi directement dans l'eau après avoir rempli votre bain, ou mélangez-le à une plus grande quantité d'huile de support pour fabriquer une huile de bain. (Voir le chapitre 3 pour les recettes d'huiles de bain).

Voici quelques mélanges magiques que vous pourrez utiliser dans un diffuseur, dans des bijoux d'aromathérapie ou en tamponnant des carrés de tissu et en les plaçant à divers endroits.

Certains de ces mélanges font appel à des huiles qui ne figuraient pas dans la liste précédente. Lorsque c'est le cas, les propriétés magiques associées sont mentionnées dans la recette.

Huile douce pour bien dormir

Placez une goutte de ce mélange sur chaque tempe et à l'intérieur des poignets avant de vous coucher, ou tamponnez-en un peu sur le bord de votre lit près de votre oreiller.
Pour environ 30 millilitres.

Vous avez besoin de :

- 1 cuillère à soupe d'huile de support
- 10 gouttes d'huile essentielle de lavande
- 8 gouttes d'huile essentielle de bois de santal
- 5 gouttes d'huile essentielle d'ylang-ylang
- Flacon en verre de 30 ml avec un bouchon
- Étiquette et stylo ou marqueur

Comment procéder :

1. Centrez-vous et ancrez-vous.
2. Mélangez l'huile de support et les autres huiles dans le flacon en vous concentrant sur l'objectif d'un sommeil paisible. Rebouchez le flacon et prenez-le dans vos mains en disant : « *Je te charge d'apporter un sommeil réparateur. Que le repos soit profond et que je me réveille en pleine forme. Qu'il en soit ainsi.* »
3. Étiquetez le flacon.

Huile pour une maison heureuse

Il s'agit d'un mélange formidable à utiliser dans un diffuseur. Les huiles essentielles d'orange douce et de bergamote véhiculent des énergies associées au bonheur et à la santé. Ce mélange fonctionne également avec les énergies associées à la purification.

Pour environ 30 millilitres.

Vous avez besoin de :

- 1 cuillère à soupe d'huile de support
- 8 gouttes d'huile essentielle de citron
- 8 gouttes d'huile essentielle d'orange douce
- 8 gouttes d'huile essentielle de bergamote
- 8 gouttes d'huile essentielle de bois de santal ou d'encens
- Flacon en verre de 30 ml avec un bouchon
- Étiquette et stylo ou marqueur

Comment procéder :

1. Centrez-vous et ancrez-vous.
2. Mélangez l'huile de support et les autres huiles dans le flacon en vous concentrant sur l'objectif d'une maison heureuse. Rebouchez le flacon et prenez-le dans vos mains en disant : *« Je vous charge d'apporter des vibrations joyeuses à cette maison, afin que tous ceux qui y vivent et la visitent soient heureux. Qu'il en soit ainsi. »*
3. Étiquetez le flacon.

Mélange d'huiles pour la pleine conscience

Il vous aidera à vous concentrer sur le moment présent au lieu de rester dans le passé ou de vous inquiéter pour l'avenir.
Pour 30 millilitres.

Vous avez besoin de :

- 1 cuillère à soupe d'huile de support
- 10 gouttes d'huile essentielle d'encens
- 10 gouttes d'huile essentielle de bois de santal
- 5 gouttes d'huile essentielle de jasmin
- 5 gouttes d'huile essentielle de sauge sclarée
- Flacon en verre de 30 ml avec un bouchon
- Étiquette et stylo ou marqueur

Comment procéder :

1. Centrez-vous et ancrez-vous.
2. Mélangez l'huile de support et les autres huiles dans le flacon en vous concentrant sur l'objectif de la pleine conscience. Rebouchez le flacon et prenez-le dans vos mains en disant : « *Je vous charge de m'aider à garder mon esprit dans le présent, concentré sur l'ici et maintenant. Qu'il en soit ainsi.* »
3. Étiquetez le flacon.

Encens

L'encens est un mélange d'herbes et/ou de résines que l'on place sur un morceau de charbon de bois fumant dans un encensoir ou un récipient résistant à la chaleur afin d'en libérer le parfum et l'énergie. L'encens peut être une offrande, un moyen de produire de l'énergie en faveur ou en soutien d'un objectif ou d'un but spécifique, ou simplement représenter un moment à apprécier.

Voici quelques notes générales à propos de l'encens :

- Assurez-vous d'utiliser environ une part de résine pour une part de matière verte. Il durera plus longtemps lors de la combustion, et la résine propose une douceur qui équilibre le parfum plus âcre de la matière végétale.
- Vous pouvez ajouter quelques gouttes d'huile essentielle à votre mélange d'encens, mais pas plus ; il n'est pas recommandé de saturer la matière végétale. Remuez le mélange après avoir ajouté les gouttes d'huile, puis mettez-le dans un récipient et scellez-le pour conserver l'odeur jusqu'à ce que vous ayez besoin d'utiliser l'encens.
- L'encens en vrac sera brûlé sur des tablettes de charbon de bois vendues à cet effet, disponibles dans les boutiques ésotériques ou les magasins de fournitures ecclésiastiques. Saisissez la tablette avec une pince et laissez-la s'enflammer sur un bord. Une série de petites étincelles rouges la traverseront. Après un court instant, la surface du charbon de bois commencera à rougir. Posez délicatement la tablette sur un lit de sable, de gravier fin ou un filet métallique dans un bol résistant à la chaleur. Lorsque la tablette brille, prenez une pincée de votre mélange d'encens et dispersez-la sur le charbon de bois. La fumée commencera à monter.

- Trop d'encens sur la tablette peut l'étouffer ou produire une énorme quantité de fumée que vous devrez gérer en ouvrant les fenêtres pour aérer la pièce.
- Ayez toujours un petit extincteur, une bouteille d'eau ou un récipient de sable à proximité pour éteindre le charbon de bois si nécessaire.

Mélanges d'encens

La plupart sont composés de résines d'oliban ou de copal. L'oliban est une excellente résine polyvalente qui propose des énergies associées à la guérison, la purification, la bénédiction, la méditation, la sérénité, la protection et l'amour. Le copal doré est associé à la purification, à l'élimination des blocages, à la bénédiction, à la joie, à l'amélioration de l'humeur et à la lutte contre la dépression.

Il existe différentes sortes de copal. Préférez le copal jaune, parfois appelé copal doré (*Protium copal*). Le copal blanc (*Shorea javanica*) est plus cher.

Pour mélanger l'encens :

- Utilisez un mortier et un pilon en pierre pour écraser doucement la résine si elle n'est pas en petits granulés. Ne broyez pas trop fort ou la résine fondra et deviendra collante. Transférez-la dans un petit bocal ou un autre récipient.
- Séparément, broyez les herbes séchées, ou frottez-les entre vos doigts pour les émietter. Ajoutez les gouttes d'huile essentielle aux herbes séchées, mélangez, puis ajoutez les herbes dans le récipient avec la résine.
- Bouchez le récipient et secouez-le pour mélanger.

- Utilisez une demi cuillère à café d'encens à la fois, pas plus.

Encens de sérénité

- 9-12 gouttes d'huile essentielle de jasmin
- 1 cuillère à café de résine d'oliban
- 1 cuillère à café de résine de copal
- 2 cuillères à café de poudre de bois de santal blanc

Encens d'ancrage

- 1 cuillère à café de patchouli
- 1 cuillère à café de bois de santal (rouge)
- 2 cuillères à café de résine de myrrhe
- 1 goutte d'extrait de vanille

Encens de joie

- 1 cuillère à café de zestes de citron séchés
- 1 cuillère à café de zestes d'orange séchés
- 9-12 gouttes d'huile essentielle de bergamote
- 2 cuillères à café de résine de copal
- ½ cuillère à café de gingembre moulu

Encens de paix

- 9 gouttes d'huile essentielle de gardénia ou d'ylang-ylang
- 1 cuillère à café de lavande séchée
- 1 cuillère à café de pétales de rose séchés
- 2 cuillères à café de résine d'oliban

Encens de guérison

- 1 cuillère à café d'ambre
- 1 cuillère à café de résine de copal
- 1 cuillère à café de zestes de citron séchés
- 1 cuillère à café de zestes d'orange séchés

Bibliographie

Brown, Brené. *Cessez d'être parfait, soyez vous même !* LEDUC, 2021

Cirillo, Francesco. La technique Pomodoro. 2018 https://francescocirillo.com/pages/pomodoro-technique.

Cunningham, Scott. *La Cuisine Wiccane.* Editions Danaé ; 1ère édition 21 septembre 2017

Gilbert, Elizabeth. *Comme par magie.* Le Livre de Poche, 2017

Hauck, Carley. "4 Questions to Foster Your Authentic Self." Mindful.org, 2016. www.mindful.org/4-questions-foster-authentic-self/

Hoffman, Rachel. "Unfuck Your Habitat." *Tumblr*, 2018, 7:12 a.m. http://unfuckyourhabitat.tumblr.compost/173510795531/ depression-anxiety-addadhd-executive-function

________. *Unfuck Your Habitat: You're Better Than Your Mess.* New York: St. Martin's/Griffin, 2017

Janssen, Mary Beth. *The Book of Self-Care: Remedies for Healing Mind, Body, and Soul.* New York: Sterling, 2017

Linn, Denise. *Altars: Bringing Sacred Shrines Into Your Everyday Life.* New York: Ballantine Wellspring, 1999

Morrison, Dorothy. *Everyday Magic: Spells & Rituals for Modern Living.* St. Paul, MN: Llewellyn, 1998

Murphy-Hiscock, Arin. *La Sorcière verte - Votre guide complet d'initiation à la magie naturelle des herbes, des fleurs, des huiles essentielles et autres préparations enchanteresses.* Contre-dires, 2021

Magical Space with Rituals and Spells for Hearth and Home. Avon, MA: Adams Media, 2018

———. *Power Spellcraft for Life: The Art of Crafting and Casting for Positive Change.* Avon, MA: Adams Media, 2005

———. *Protection Spells: Clear Negative Energy, Banish Unhealthy Influences, and Embrace Your Power.* Avon, MA: Adams Media, 2018

———. *Solitary Wicca for Life: A Complete Guide to Mastering the Craft on Your Own.* Avon, MA: Adams Media, 2005

Norville, Andrea, and Patrick Menton. *An Indulgence a Day: 365 Simple Ways to Spoil Yourself.* Avon, MA: Adams Media, 2009

O'Hara, Gwydion. *The Magick of Aromatherapy: The Use of Scent for Healing Body, Mind, and Spirit.* St. Paul, MN: Llewellyn, 1998

Wiking, Meik. *Le Livre du Hygge : Mieux vivre, la méthode danoise.* First, 2016

Wilson, Roberta. *Aromatherapy: Essential Oils for Vibrant Health and Beauty.* Revised and updated ed. New York: Avery, 2002